男尊女子

酒井順子

JN018340

集英社文庫

はじめに

男尊女卑の話題が好きです。

新聞を読んでいても、マタハラとか「女性議員はなぜ少ない」といった記事を見つけると、「おっ」と、生き生きしてくる自分がいる。また電車の中などで奥さんを口汚く怒鳴ったり、奥さんを立たせて自分だけ席に座ったりするおじいさんを見ると、やはり「おっ」と視線はそちらに。

なぜそうなるのかといえば、今の時代、女性差別というものがめっきり減ってきたからなのでしょう。珍しい事象だからこそ、「おっ」と耳目《じもく》が惹《ひ》きつけられる。

昔は、世間には当たり前のように女性差別が転がっていました。昭和の時代は、会社の飲み会で上司が部下の女性の尻に触れても、

「あれ、オッパイがちょっと大きくなったんじゃないの？」

などと言っても、「そういうものだ」と、特に問題にはならなかった。また女性の給与が男性より低くても、女性が昇進しなくても、結婚や妊娠で会社を辞めるのが当然と

されていても、やはり「そういうものだ」と受け止められていたのです。

しかし、時代は少しずつ変わってゆきます。「セクシャル・ハラスメント」、略して「セクハラ」という言葉が話題となり、新語・流行語大賞を受賞したのは、一九八九(平成元)年のこと。それはまさに、昭和が終わった年です。

「それ、セクハラですよ」

と女性が言うことができるようになったことによって、セクハラはずいぶん減りました。この言葉の登場によって男性側も気をつけるようになり、「セクハラ講座」のようなものが開かれている会社もあります。

「セクハラ」という言葉が流行する三年前の一九八六(昭和六十一)年には、男女雇用機会均等法が施行。女性の働き方や仕事に対する意識が、変化してゆきます。昭和と平成では、女性差別に対する感覚も、激変しているのです。

平成になってから、既に四半世紀を超える時が経《た》ちました。その間、日本の男性は草食化が進んだと言われております。「草食男子」とは、二〇〇〇年代後半に登場してきた言葉で、「性欲が少ない」という意味合いで使われることが最も多いわけですが、性欲以外にも、物欲や出世欲、新規開拓傾向なども少なめなイメージがあります。昭和の肉食男子が「イケイケ」「ガツガツ」「ギラギラ」といったオノマトペで表現されるとしたら、平成の草食男子は「さらさら」「ゆるゆる」「のびのび」という感じか。

生命力が少ない印象がある草食男子ですが、しかし彼等《かれら》には良いところもあります。すなわち草食くん達は、女性差別に興味が無いのです。「女がでしゃばるのが嫌い」「女より常に上にいたい」といった感覚が、彼等には希薄。

若者達の話を聞いていると、昭和時代に青春を過ごした者としては驚くことがしばしばあるものです。

「デートは割り勘が当たり前」

「男女が二人で夜を過ごしても、何にもないことがよくある。おしゃべりしているだけ」

という話に、

「えっ、割り勘？」

「えっ、しないの？」

と、思わず漏らす。

しかしよく考えてみますと、「デートで男性に奢《おご》ってもらうのが当然」という考えの上に成り立っていたのが、女性差別というものだったのではないかという気もしてくるのです。

昭和時代はなぜ、「男は女に奢るべき」と考えられていたのかというと、

●一般的に、男性の方が女性よりも経済力があるから。

●一般的に、男性が女性を庇護《ひご》すべきとされているから。

という理由がありましょう。経済的にも社会的にも弱い立場にいるのが女性だから、男性側が経済的負担を負うべきなのだ、と。男女間の賃金格差が歴然として存在するからこその発想です。

さらにもう一つ、「男が奢る理由」として考えられるのは、

●デートの先に待っているかもしれない、性行為への対価として。

というものではないでしょうか。

昭和時代の男性は、今の男性と違って性欲旺盛でしたから、チャンスさえあればいつでも「したい」と思っていました。女性から一度や二度拒絶されても、シュンとならない精神的強さをも、彼等は持っていたのです。

昭和といっても長いわけですが、特に昭和五十年代以降は、「女は結婚するまで処女であるべき」といった意識も崩壊し、若者達はその青春時代に、自由に性行為を謳歌《おうか》するように。

となった時、男性は「デートするならセックスしたい」と思うのが当然でした。そして「セックスできるならまぁ……、メシ代くらいは払うか」と思っていたのではないか。田中康夫さんはかつて、食事→セックスという流れを「オショックス」という言葉で表現しておられましたが、田中さんがその時の食事を割り勘にしていたとは考えられない

のです。

……などと書くと、

「では食事代はセックス代だったとでも？　まるで売春じゃない、それじゃあ。私は相手に愛情を感じたからセックスしただけよ、失礼ね」

と怒る昭和の女子もいるかと思うのですが、お怒りはごもっとも。

これはあくまで、平成時代から見た時の感慨なのです。私自身も、かつては男性と食事をしたならば「まぁ、奢ってもらえるよね」と思っていました。当時は「高いものを奢ってもらえる女性ほど、女性としての価値も高い」という感覚もあったもの。しかし冷静に考えるならば、その頃の食事代とは、セックスに限ったわけではないにせよ、明らかに何らかの対価だったのではないか。

「アッシー」「メッシー」「ミツグ君」などという言い方が、かつては存在しました。一九八〇年代前半からバブル期にかけて、男性にかしずかれて女性は意気軒昂《いきけんこう》、というイメージがあったものです。しかし男性に金品もしくは時間、労力などを提供させることによって、女性は確実に何かを「負う」、英語で言うなら「ｏｗｅ」（日本語でも英語でも意味が同じ、とかつて教わった気が……）立場となっていたのです。

誰かから何かを貰《もら》ったらお返しをするのが、洋の東西、はたまた時代の新旧を問わず人の常。お返しをしない／できないとなると、物をくれた相手に従属することになってしまうわけです。そういった意味でも、昭和時代の女性は、奢ってもらったり貢いでもらったりして「私はこんなに男性に大切にされるいい女」と思ったかもしれませんが、深層心理には男性に対する従属感が、澱《おり》のように少しずつ沈殿していったのではないでしょうか。

一方には、男性から奢られても「私に奢ることができて嬉しいでしょう?」と思うことができるほど傲慢でない、そしてごっつぁん体質ではない女性もいました。そんな女性達は、「食事を奢ってもらったのに、ここで断ったら失礼になるのでは……?」と、ラブホテルの前で肩を押されても「NO」と言うことができなかったりもしたのです。

そのような時代を経て今、若者の世界は割り勘文化となりました。バブル崩壊後の長引く不況によって、「男は女に奢るもの」などと言われても実際の経済状況として不可能になり、男女間の経済格差も、そう大きなものではなくなってきました。割り勘から育つ対等な意識も、確実にあるのではないでしょうか。

ここまで書いてきて思ったのは、「男女の力の均衡が、草食化をもたらす一つの要因では?」ということです。食事を奢った男子と、割り勘の男子でどちらが「やってやる」という意欲が高くなるかといえば、やはり前者でしょう。割り勘が、セックスに対するガツガツ感を減少させているのではないか。

今まで何もしたことが無い男女が初めて肉の契りを結ぶには、ただでさえ相当高いハードルが立ちはだかります。そのハードルを越えるには、「愛の力」や「酒の力」、「金の力」など、何らかの尋常でない力が働く必要がある。

その時、相手の女性が「自分と同等の存在」という状況と、「自分より小さく弱い存在」という状況とでは、男性、特に日本男児にとって「このハードル、跳べそう」と思えるか否かに差がでてくるに違いありません。傷つきやすい日本男児にハードルを跳ばせるには、自らを低いハードルだと見せかけなくてはならないのであり、それを昭和の女子達は動物的嗅覚で察知して、あえて奢ってもらって「私は小さい存在です」と見せていたのではないか。

しかし平成の女子達は、男女平等、男女共同参画を目指す制度の中で、生まれ育ちました。親御さんの世代も、すでに男尊女卑感覚を抱く人は少ない。男子も女子も同じようにのびのびと大きくなったけれど、日本男児が基本的に抱く繊細さは変わっておらず、なかなかハードルを跳んでもらえないことに。

……というのが、男子草食化の原因を考えた時の私の仮説。実際、私の同級生達は皆、平成になってから結婚しているので、ジュニア達は平成っ子なのですが、夫婦関係を見ると、「うちは亭主関白」という家は皆無です。

夫の側も、

「家事は何でも手伝うよ。妻のパンツも高校生の娘のブラジャーも、洗って干して畳んでる。ま、最初はちょっと躊躇《ちゅうちょ》したけど、今では娘の繊細なブラジャーの干し方にも習熟したしね」

と言っています。

反対に、高校生の息子を持つ母親は、

「もちろん、息子にも家事を手伝わせてるから、私のパンツを息子が干したりしてるわよ。私はいつも、全く飾りの無い黒い綿のパンツばっかりはいているから、ヴィクトリアズ・シークレットとかの派手な下着をつけてる女の子を見たら、一発で好きになっちゃうんじゃないかな？」

とのこと。

私はその手の話を聞くと、深い感慨を覚えるのです。私より上の世代の女性は、「自分の下着だけは、洗濯機に入れずにお風呂で手洗いをして、こっそり干す」のが女子のたしなみだったのだそう。しかし私は、何でも平気で洗濯機に入れて、母親に洗ってもらっていました。

とはいえ父は亭主関白系の人だったので家事を手伝うなどということはせず、娘の私のパンツを干して畳むどころか、目にすることすら一度もなかったのではないか。そしてもし父親に、

「お父さんがパンツを洗ってあげよう」

と言われても、

「やめて」

と私は断ったに違いありません。

しかし今の若い娘さんは、パンツをお父さんに洗ったり干したりしてもらっても、平気なのです。ということは、結婚した後に夫にパンツを洗ってもらうのも平気ということになります。

若い男性の方も、子供の頃から家事を手伝っているので、お母さんや姉妹のパンツやブラジャーを見慣れています。ヒラヒラのパンツにすぐ悩殺される、といったことはあるかもしれませんが、結婚したならばヒラヒラのパンツをも優しく洗ってあげる夫になるはず。

生まれた時から男女平等だと、もはや綿だろうとヒラヒラだろうと、「女性のパンツに興味が無い」という男子が育っていきそうでもあります。「女性のパンツも、単なる道具の一つ」とフラットに捉えているため、そこに「見たい」とか「中には何が？」などと過剰な期待を抱かなくなっているのかも……。

このように真の男女平等とは、自分のパンツを父親や夫に洗ってもらって当然、と思うことができる女性でないと、享受できないものなのです。

「とはいえやっぱりパンツだけは」

などと言うのは、古い人間。

そして私は、このような世になってきたからこそ、男尊女卑ネタが好きなのでしょう。今や、あからさまな男尊女卑発言&行為は、年配者にしかできないこと。電車の中で妻を怒鳴りつけたり自分だけ座ったりしているのは、相当お年を召したおじいさんです。今や男尊女卑行為は、滅びゆく伝統芸能のようなものだからこそ、私は電車の中で「おっ」と注目するのです。

実際、歌舞伎や文楽などの伝統芸能では、男尊女卑的ストーリーをたくさん見ることができます。男性にさんざ尽くしたのに殺される、とか。さんざ尽くした後で心中する、とか。あの手の世界では、女性はどれほどひどい目に遭っても、生きている間に男性に復讐することはできません。女は、死ぬことによって、もしくは死して後に化物になってからでないと、男性に一矢《いっし》報いることはできないことになっている。

それを私達が見て、「可哀想……」と涙するのは、そんなにひどい扱いを受ける女性が、今となっては物語上でしか見られないからです。アマゾン奥地の部族の珍しい風習を「NHKスペシャル」で見るかのように、「妹背山婦女庭訓《いもせやまおんなていきん》」において「敵を倒すためにあなたの血が必要だから。悪いね」と、容赦なく刺されて生血を取られるお三輪《みわ》という娘を眺めている。

が、しかし。男尊女卑とか女性差別といったものは、本当に今や絶滅寸前となっているのでしょうか。私達は、割り勘で支払い、父親や夫にパンツを洗ってもらえば、男性と対等に生きることになるのでしょうか。

……と考えてみますと、「違うのでしょうね」と思わざるを得ないのです。確かに女性を取り巻く制度は、少しずつ変わってきています。セクハラ等の取り締まりも厳しくなり、あからさまな女性差別は目に見えづらくはなってきてもいる。

とはいえそれは「消えた」ことを意味するのではありません。消えた部分も確かにありましょうが、女性差別心のかなりの部分は、目に見えない水面下に「隠れた」のです。

さらに言うなら、女性を下に見る心を隠し持っているのは、男性ばかりではないのでした。女性を下に見る気持ちを意識的にであれ無意識的にであれ持っている「女性」もまた、世の中にはたくさん存在するのです。

私自身は、まあまあ男女が対等な世の中を生きてきました。だからこそ、男尊女卑発言など聞くと怒りが湧いてくるのです。

しかし男性と食事をして、「一応、お財布は出しておくか」などと〝割り勘のつもり〟のフリをしているのは、バブル時代に「奢られて当然、という態度の女子はムカつく」などと「ポパイ」や「ホットドッグ・プレス」に書いてあったから。そして、

「じゃ半分、六千二百三十二円お願いね」

などと一円単位まで要求されると「は？」と思ってしまうのは、「私は女なのだから、

大切に扱われたりラクしたりして当然」という思いが、どこかに残っているから。それは「女自身が女を下に見る」ことなのだけれど、若い時分に染み付いた感覚を完全に拭うことはできません。

目に見えづらくなってきた分、これから男女平等化を進めていくのは、大変な作業になるのだと思います。そこで本書では、〝こんな時代の男尊女卑〟を、ほじくりだして顕在化させようと思っている私。水面下に潜った男尊女卑意識を、虫干ししてみようではないか、と。

過渡期に生きている私にとっては、男尊女卑社会と同様に〝珍しいもの〟である、男女対等の社会。いつかそんな珍しい日本を、見てみたいと思っています。

CONTENTS

はじめに 3
1 小さな女子マネ 21
2 お茶女子 32
3 九州男女 43
4 ニューートラ 54
5 言葉の女装 65
6 主人 77
7 夫婦別姓 89
8 無知のフリ 98
9 女性議員 109
10 レディ・ファースト 119
11 性 129

12 かわいい 140
13 気が強い 151
14 戦争 161
15 嫁 170
16 服従 180
17 高低 191
18 男女 201
19 女子 211
20 守られる 222
おわりに 232
解説 山内マリコ 239

男尊女子

1　小さな女子マネ

今時の女子中学生に、「あなたは女性差別を感じることがあるか」と尋ねたなら、

「は？　別にありませんけど？」

と答えることでしょう。教育現場におけるわかりやすい男女差別は、近年減る傾向にあります。

小学生の姪《めい》の話を聞いても、学校では男子も女子も、先生からは「さん」づけで呼ばれるのだそう。山田太郎くんは、「山田くん」ではなく「山田さん」と言われるのです。ジェンダーフリーというやつに、小学校でも敏感になっています。

小学校での「さん」づけは、今に始まったことではないようです。そうは言っても、男子に対してはやはり「山田さん」ではなく「山田くん」と呼びたくなるのではなかろうか……といった思いはともかくとして、「男だから」「女だから」という決めつけはなるべく少なくしていこう、という方針の中で育つ、昨今の子供達。何においても男子が先で女子は後とか、委員長は男子で副委員長は女子とか、その手のことも少なくなって

きた模様です。

子供時代は遠い昔となった私ではありますが、我が来し方を振り返ってみましても、あからさまな女性差別を実感することは、そう無かったと思うのです。小中高と女子のみの学校だったため、まずは差別のされようが無かった、ということもありましょう。勉強やスポーツの出来不出来、容貌の差異、おしゃれか否かといった面での差別は厳然と存在していましたが、男か女かで区別や差別をされるということからは、完全にフリーでいられました。

女子校や男子校という存在そのものが、一種の性差別なのだという考え方もあります。日本は世界的に見ても、男女別学の学校が多いのだそうですが、別学校が多い背景には、儒教の影響がありましょう。「男女七歳にして席を同じゅうせず」という孔子さまの教えがありますが、一八七九（明治十二）年の教育令第四十二条では、

「凡《およそ》学校ニ於《おい》テハ男女教場ヲ同クスルコトヲ得ス但《ただし》小学校ニ於テハ男女教場ヲ同クスルモ妨ケナシ」

とされていました。すなわち小学校までは男女が一緒に学んでもよいけれど、その後は別学、と決まっていたのです。実際は小学校でも、男子組と女子組に分けられているケースが多かった模様。

日本で男女共学が許されたのは、一九四七（昭和二十二）年の教育基本法によってと

いうことで、意外と最近です。戦争終了とともに、男女共学の波もやってきたわけで、共学の歴史はまだ浅い。

日本においては、「男女でいるよりも、同性同士でいる方が楽しい／落ち着く／心安い」といった気風が存在する気がしてならない私。日本にカップル文化が根付かないのも、女子会がこんなに盛んなのも、新橋の飲み屋にいるのが男ばかりなのも、この「同性主義」が日本を色濃く覆っているからではないでしょうか。

私自身、女子会（と言うのも憚《はばか》られるので「婦人会」と言っておりますが）は大好き。誰かが夫などを連れてきたりすると、「つまらん」と思うものです。パートナーと旅をするのもよいけれど、女同士で旅をすると、異性との旅では得られない解放感を覚える。特に私は、男性に対して「同じ人間とは思えない」という感覚がどこかに染み付いており、性愛以外の部分では女性を好むという自覚を持っているのです。

このように同性主義が日本で盛んなのも、近代日本の基礎を築いた人々が皆、男女別学で育ってきたせいではあるまいか。今も別学校を支持する声が多いのも、別学時代が長く続いたせいでしょう。

昨今は別学校の共学化が進んでいますが、私立校の場合は、少子化による生徒数の減少に伴い、生徒数確保のための策として共学化されることが多いようです。従って、灘《なだ》や開成《かいせい》、桜蔭《おういん》といった、別学であることがアイデンティティーであり人気の一因ともなっている学校では、共学化の動きは見えない。

公立高校でも、共学化は進んでいます。たとえば都立高校は、戦後の男女共学制導入以降に共学化が進んだわけですが、地域によっては別学の公立高校が残った場所もある。そんな地域の一つであった宮城県では、最近になって共学化が進められているのですが、それは「生徒数を確保したい」という理由からではありません。「社会に出れば男と女がいるのが当たり前なのであるからして、高校生という多感な時期に男女が一緒にいた方がいいのではないか。公立の学校なのだし」といった観点から、共学化が目指された模様。

伝統ある公立高校が共学化するにあたっては、反対意見もずいぶん出たようです。それは私にもよーくわかる。私の出身校は共学化されていませんが、もしもそのような動きが出たら、必死になって反対することでしょう。別学校には別学校ならではの濃厚な「女子校文化」「男子校文化」と言うべきものが存在するのであり、故郷がダムに沈むような気持ちになるのではないか。

男子校のバンカラ的気風などが、わかりやすい別学文化の事例です。男であれ女であれ、多感な時期に異性の視線を気にせずに過ごすからこそ、思い切り弾《はじ》けることができるのが、別学校の良いところ。性の固有性を、とことん煮詰めたり、肥大化させたりすることができるのです。

とはいえ、性の固有性をそんなに煮詰めたり肥大化させたりする必要があるのか、という話もあります。私もそれは感じるところであって、自分の中でも性の固有性がいびつに肥大化したことを感じずにはいられません。が、そのいびつさを、「こんなにいびつ……」と愛《め》でたりするのがまた、楽しくもある。女子校出身者というのは、初対面の相手であっても、相手が女子校経験を持つか否かを見抜くものですが、それも自分と共通するいびつさの片鱗《へんりん》を、相手の中にも見るからなのでしょう。

ある日、女友達と二人で電車に乗っていた時のこと。たまたま乗ったのが、女性専用車両というものでした。すると友人は、乗った瞬間に、

「うわ、なんか気持ち悪い」

と小声でつぶやいたのです。車両にいるのが全員女という状況が、不自然すぎるのだそう。

そういえば彼女は、ずっと共学育ちで、別学経験ゼロ。「女ばっかり」という状況に慣れていません。反対に私は、「女ばっかり」という状況を「気持ち悪い」と思う女性が存在する、ということに驚きました。「女ばっかり」って、とても心地よいではないの……と。

この手の驚きを感じる私の精神こそがいびつなわけですが、長きにわたる女子校生活によって同性愛好の気をたっぷり持った身にとって、「女ばっかり」という状態は、ち

っとも不思議でも気持ち悪くもないのです。

互いの女性性の隅っこまでをも観察し合い、指摘し合うというその緊張感と痛気持ちイイ感じこそが、私が女子校に愛着を感じる理由。しかし一般的に「女子校のメリット」は、異なるところで語られがちです。たとえばしばしば見られるのは、「女しかいないので、何でも自分達でできるようになる。リーダーも女子、力仕事も女子。だから男子に頼るという気持ちが生まれない」というもの。

確かに女子校では、男子が委員長で女子が副委員長、とはなりません。委員長も生徒会長も部長も、全員女子。何をするにしても、「男子の手を借りる」という発想は生まれるはずがない。

では、女子校出身者は皆、社会において自立した女性となり、男性に伍《ご》して活躍するようになるのかというと、それは違います。たとえば私は、大学生になって共学を体験することになったのですが、その時に「私がリーダーシップを取ろう」「男子に負けまい」などという気持ちは、微塵《みじん》も生まれませんでした。男女が共に活動する運動部に入った後は、リーダーは男子にやってもらいましたし、大喜びで男子に頼ったものです。

が、そんな私ですら驚いたのは、同じ女子校出身者達が、大学で嬉々としてアメフト部やらラグビー部やらのマネージャーになっていたことでした。彼女達は「男の子の世話を焼いて、思い切りプレイさせてあげたい」という気持ちを持っていたようなのですが、もしも女子校でリーダーシップや男性に伍する精神が養われるのであれば、どうして大学に入って女子マネージャーなどになりましょう。

「他人を助けたい」というのは、立派な心がけではあるのです。が、彼女達は決して、女子バレーボール部や女子テニス部のマネージャーにはなりませんでした。彼女達は同性を助けたいわけではなく、男子を、それも格好いい花形運動部の男子を助けたかったのです。

やっと女子校生活から抜け出したのだから、格好いい男子に囲まれてみたかったのだ、と今になれば彼女達の気持ちもわかります。が、当時の私は、この現象をポカンと眺めていました。尻尾を振って男の汚れ物を洗濯するとは、どういう感覚なのか……、と。

私はこの時初めて、世の中には「男尊女子」という人達がいることを知りました。「女は男を立てるもの。女は男を助けるもの」という感覚を持ち、そこに生きがいを感じる女子が案外身近に、それも女子校出身者の中に大量に存在したことは、大きな衝撃だったものです。

このように、女子校出身の女が皆、リーダーシップや自立心を身につけるというのは、間違い。女子校においても、リーダーとなるのはそういう資質を持つ人のみであり、その手の女子は共学校にいても、副委員長どまりかもしれないけれど、リーダーになったことでしょう。反対にリーダーシップをもともと持たない人は、女子校に通ったからといってリーダーシップが育まれるわけではない。

大学時代、女子マネ達に眉をひそめながら運動部のプレイヤーとして頑張っていた私でしたが、そんな中でさらに驚いたのは、隙あらば男子に頼ろうとする自分の姿勢でした。重い物を持つなど、男子の方が向いていることばかりではありません。「上」とか「表」に立つということに関しても、私はさりげなく男子に依存していた。

それは自分が元来持っている責任回避体質のせいもありますが、「上とか表には男を立てておいた方が、何かとラク」ということを察知したせいもあります。周囲も男子が上に立つことを望んでいる風だし、何も私がしゃしゃり出ることはあるまい……と、自然に一歩下がるように。

私の態度は、「何でも自分でできる」と思っているはずの女子校出身者にはあるまじきものです。が、初めての男女共学において私は、「一歩引いておくと、ラク！　そして面倒臭くない！」という事実を発見してしまいました。そして本能のままに、ラクな方へと流れていったのです。

私はこの時、「一歩引く」が「一段下がる」ことだとは思っていませんでした。一歩引いたとしても、男子とは平行関係にあって上下関係にはないと思っていたのです。が、周囲から見ればそれは上下関係だったらしい。特に運動部のようなマッチョ世界においては、「でしゃばりではない女子」のフリをしているうちに、「男が上、女は下」という如実なヒエラルキーに組み込まれていたのです。

女子校という単性社会においては、女子こそが人間、すなわちｍａｎでした。両性がいる社会では、女がｗｏｍａｎすなわち亜人間であり二流人間となる、という事実には気づかずに済んだのです。

しかし共学環境に入った途端、自分が「ｗｏ」という謎の冠を戴《いただ》いたｍａｎだということを、自覚せずにはいられなくなりました。それは男女差別の発見、と言ってもよい感覚。

それまでも男女差別の存在は知っていて、身近な例では生まれ育った家庭でも両親間に厳然たる差別はあり、その差別への対抗手段として母親が婚外恋愛を敢行する……というグチャグチャな状態ではありました。が、そんな中でもなぜか兄と私は平等に育てられていたため、自分の身に男女差別がふりかかってくることは無かったのです。

ところが、大学生になってからいきなりの、「男女差別の発見」。これは私にとって大変新鮮でした。

「自分って被差別側にいたんだ！」

ということに驚いたのはもちろんのこと、もう一つ、

「差別されることをあえて拒否しない自分がいる！」

ということが、何より新鮮でした。

「そうする方が面倒臭くないし」「そういうことになってるし」ということから、差別を受け入れる自分。これは性格のせいなのか、それとも日本人に備わった性質のせいなのか……？　謎を感じつつも、行動によって差別解消に打って出ることはしなかった。

こうして私は、自分の中にも「男尊女子」が存在することを知りました。女子マネに「チッ」とか思いつつも、小さな女子マネを、精神の中で飼っていたのです。

小さな男尊女子を抱きつつも、「男の方が偉い」と思っていたわけではもちろんありません。男子のことはしばしば、

「頭悪いよね……」

「器がちっちゃい……」

と、女子同士で貶《けな》していたものです。

自分より上に立つ男子のことを女子が内心で見下すということは、家庭でも職場でも、日本ではしばしば見られる現象です。せいぜい溜飲《りゅういん》が下がるくらいで、差別の解消には全く役立たない行為ではあるのですが。女子同士の紐帯《ちゅうたい》は、そんなところからも強まったりする。

ある社会集団の中に上下関係があると、上下の結びつきよりも、同じ階級での結びつきの方が強くなるものです。日本においてカップル文化がどうにも薄っぺらで、それよりも同性文化の方が強力なのは、夫婦関係＝上下関係という歴史が長かったから、とい

う気がしてなりません。

そして従来は、同じ階級ということで女性同士はどのような場でも仲良しのはずだったのが、職業や婚姻の状況、子持ちか否かといった状況如何《いかん》によって、女性の中にも格差が生じ、女性同士の仲も一枚岩ではなくなってきました。

しかし「女は女同士」という感覚が、被差別者同士の紐帯なのだとしたら、それはいずれ、解《ほど》けてゆくべきものなのかも。同性主義が少しずつ崩壊するとともに、日本も変わっていくような気がします。

2 お茶女子

私がまだ二十代前半で、会社員をしていた時のこと。同世代の女友達に、「私はやっぱり、会社でも男性にお茶を淹《い》れてあげたいのよね。一杯のお茶を美味《おい》しく淹れることができる女の人って、すごく素敵だと思わない？」

と言われて、返答に困った記憶があります。その時の私は、お茶の味の良し悪しもわからなければ、「お茶を淹れる女」が素敵なのかどうかもわからなかった。ただその時代、「男性にお茶を淹れる」ことに価値を見出《みいだ》す女性が減少傾向にあったせいか、彼女の発言が斬新に聞こえたことは、覚えています。

当時は、男女雇用機会均等法（以下、雇均法）が施行されたばかりで、世はキャリアウーマン流行《ばや》りでした。企業における女性社員は、男性と同じように仕事をする総合職と、補助的な事務仕事中心の一般職に分かれたのであり、前者は「キャリアウーマン」と、そして後者は「お茶汲《く》み」とか「花嫁要員」などと言われたのです。

私は何かの間違いで、とある会社に総合職として入ってしまいました。「女の新入社員は、職場でお茶汲みや机拭きをするものだ、という話を聞いたことがある。その手のことをするべきなのか？　いやしかし、その手のことをしてしまったら一般職の方々に対してかえって失礼なのか？」などと、配属の時は悶々《もんもん》と悩んだものでした。

結果的に言えば、机を拭くなどという作業は誰からも求められておらず、お茶にしてもコーヒーサーバーから各自が勝手に飲む方式。私が手を出さなくてもよかったのです。が、一般職の方との接し方については、どうもよくわからなかったものでした。私は「女は女同士」が好きな日本人ですので、女性とつるみがちな傾向を持っている。けれど一般職と総合職では、仕事の内容も賃金体系も違う。総合職は出張も残業も当たり前なのに対して、一般職は終業時間にはきっちり帰るということで、勤務の時間帯も違う。

会社によっては、一般職女性は制服だけれど総合職女性は私服、というところもありました。そこまでではなかったものの、私がいた職場でも、総合職と一般職の違いは明白。同じ職場にいる者として、「女は女同士」の連帯感は見せつつも、しかし仕事の面での連帯感は覚えにくいという、微妙な関係だったのです。

それは一般職の方々からしても、同じことだったのでしょう。雇均法の施行前は、「男性は外に出て仕事をし、女性は会社の中で事務をする。そして男性が会社に戻ってきたなら、女性は美味しいお茶を淹れてあげる」という図式がありました。つまりそれは、「男は外に出て、女は家を守る」という家庭の形態と同じ。管理職男性はお父さん、ベテランの一般職女性はお母さん、若い男性社員は長男で、若いＯＬさんは末の妹……といった疑似家族プレイをすることによって、日本の会社は安定を保っていたのではないか。

しかし雇均法によって、会社という家庭には、総合職という名の「男のような女」が登場してしまったのです。それは、疑似家族の中では明らかに異物だったのであり、会社の中でお母さん役や妹役を務めていた一般職女性は、「男のような女」のサポートもしてあげなくてはならなくなりました。それは面倒を見る方も見られる方も、何とはなしの居心地の悪さを感じざるを得ない関係性。

そして冒頭の「美味しいお茶を淹れたい」発言に戻るのですが、この発言をしたのは、一般職の女性ではなく、総合職の女性であったということが、この話のポイントです。男に伍して働いている女性が、「会社で男性にお茶を淹れたい」と、言っていたのです。

その時は、発言の意図が摑《つか》めなかった私でしたが、彼女が言った意味が、じわじわとわかってきました。つまり総合職は「男性と同じ」働き方を求められる立場であるが、彼女はそんな立場にありながら同時に、「女性らしさを捨てるべきではない」と思っていたのです。「女子力」という言葉は世に登場していない時代でしたが、彼女は仕事の能力のみならず、女子力も持っていることを職場で示したかったのではないか。

彼女の発言は、その後日本の女性業界に発生した様々な問題の底にあるものを提示しています。すなわち、女性総合職は「男並みの女」であるべきなのか。そして、男並みに働くと同時に女性らしくあることは可能なのか、等々の。

肩で風をきるようなキャリアウーマン像が流布していた、その時代。キャリアウーマンは、

「家事なんてくだらないことはしないわ」

と、鼻で嗤《わら》いそうなイメージだったのであり、職場でお茶を淹れたくない女がキャリアウーマンを目指す、と思われていました。

だからこそ「男性に美味しいお茶を淹れるキャリアウーマンでありたい」という彼女の思想は新鮮だったわけですが、同時に私は、彼女に対して「何となく……、ズルい気がする」とも思っておりました。その頃、世の中に登場したてで、まだ珍獣扱いであった、総合職キャリアウーマン。私は間違って総合職になってしまった「なんちゃってキャリアウーマン」でしたが、意識の高いマジなキャリアウーマン達は、肩で風をきるイメージとは裏腹に、現実では疲れ果てていました。

彼女達は飼育法がまだ確立されていない珍獣であったが故に、職場で認められるべく、死に物狂いで働いていたのです。それは、女性の少ない世界を拓《ひら》いていった女性によく見られる、「女を捨てる」「仕事と結婚する」という状態。政治の世界で言うなら、市川房枝〜土井たか子路線にいたと言えましょう。

彼女達はその時、職場において「女」としての役割を、一般職女性に担ってもらっていたのです。お茶汲み業務、および職場の花業務は皆さんに任せた……と、総合職女性は髪を振り乱して深夜まで残業していた。

そんな時に登場した、件《くだん》の「美味しいお茶を淹れたい」という総合職女子。彼女が望んだのは、「美味しいお茶を淹れる」ことだけではありません。「お茶」はあくまで、女性性の象徴。お茶を淹れる気満々だったお茶女子（と命名することにします）は、職場の花としても機能する用意が十分にできていたはずです。

私が何となく「ズルい」と思ったのは、そのあたりだったのでしょう。なんちゃってキャリアウーマンの私ではありましたが、「とはいえせっかく総合職にしていただいたのだし、しばらくは髪を振り乱すフリくらいはした方が……ねぇ？」という感覚を持っていました。だというのにお茶女子をよく見れば、振り乱すどころか、長い髪をくるんと巻いたりしているではありませんか（念のため注・髪を巻く女＝女子力高い女、ということになっている）。

「それアリ？　反則じゃないの？」

と、思わず言いたくなった私。

すなわちお茶女子は、「男並みに働く」ことも、「女の幸せ」も、両方手に入れようとしていたのです。今でこそ、バリバリと働きながらモテたり結婚したり子供を産んだり……というのは当たり前ですが、当時はまだ、総合職キャリアウーマンがモテたり結婚したり子を産んだりすることが可能なのか、よくわかっていなかった時代。そんな中で、勝手に「髪くらい振り乱さなくては」と思い込んでいた私の方が、悪いと言えば悪い。女というもの、どんな過酷な状況下でも、髪を巻こうと思えば巻けるのですから。

巻き髪にトライすらせず、勝手に市川房枝的世界にいるつもりになっていた私は、

「だって私はお茶も淹れたいしモテたいしー」

と自由に生きる、巻き髪のお茶女子に嫉妬しました。彼女はキャリアウーマン界の「和」を乱しているではないか、と。

しかしお茶女子が手に入れようとしていた「お茶」と「モテ」、私がどちらに対してよりイラつきを覚えていたのかといえば、「お茶」の方だったように思います。「モテたい」と思うのは、女の、否、人の常。働き方がどうあろうと、異性とつがいたい、求められたいと思うのであり、キャリアウーマンだってモテたかろう。私だってモテたいのだ。

……がしかし、総合職女子がお茶を淹れだすと、大きなことを言えば雇均法の存在意義が無くなるのではないかと、私は感じました。

「お茶汲みばかりは嫌。もっとやりがいのある仕事がしたい」

という女性の意を汲んで、長い時間をかけて成立したのが雇均法。結果、「男並みに

働きたい人は、働いてください。そうでもない人は、一般職で」というコースに女性は分かれました。しかし総合職女性が「お茶も淹れますよ」と言いだすと、他の総合職女性も「私もお茶を淹れなくてはならないの？」ということになってしまうのです。

そして「お茶汲み」は、会社が疑似家族であった時代の、疑似家父長制が生み出した業務。本来であれば、飲みたい人が勝手に給湯室に行って自分の分のお茶を淹れればよいだけであって、何も女性が男性の分のお茶を淹れずともよいわけです。

それを、

「一杯のお茶を美味しく淹れることができる女の人って、すごく素敵だと思わない？」

と総合職女子が急須などいそいそ持ち出したなら、男性と同等を目指してつくられた総合職という職種の意味がなくなってしまうではありませんか。

お茶女子のことを、今となっては、

「彼女もまた、男尊女子であった……」

と、懐かしく思い出す私。男勝りのキャリアウーマンが多い中で、「茶を淹れる」ことによって自らに別の付加価値をつけようとしたのか。それとも、「お茶は女が淹れるもの」という家庭環境で育ったため、職場においてもどうしても性別役割分担というものを守らずにいられなかったのか。いずれにせよ、「私もお茶を淹れたい。淹れさせて」と主張するキャリアウーマンは、職場に静かな波紋を広げていたようです。

仕事も頑張りお茶も淹れ、なおかつ毎日髪の毛もきっちり巻くような女性ですから、お茶女子はとても真面目でした。人並み以上に仕事をこなし、そして巻き髪も功を奏してちゃんと結婚。子供も一人、産んだのです。

しかし、キャリアウーマンとしても妻としても母としても、さらには「社内母」としても全方向的に頑張りすぎてしまったせいか、中年にさしかかったところで心身のバランスを崩してしまった彼女。結果的には会社を辞めて、その後離婚。幸いにして実家がお金持ちだったので豊かなシングルマザーライフを送ってはいるものの、私には彼女が、立派な男並みに仕事をこなしつつ、立派な女並みに家事・育児をもこなさなくてはならない時代に施行された雇均法の、人柱のように思えたことでした。

雇均法は、男女共同参画というものにとって重要な法律であったとは思いますが、働く女性の世界を分断したのもまた、事実です。「職場でお茶を淹れたいキャリアウーマン」という複雑な男尊女子もこの世には存在するのに、雇均法は彼女のような人を分けきることができず、股裂き状態にしました。

時は流れて、今。キャリアと女子力は、同時に求めるのが当たり前の時代となりました。「女を捨てる」「仕事と結婚」は、既に死語となっています。結婚しない女性は減りませんが、彼女達は仕事と結婚したから男性と結婚しないのではなく、別の理由で結婚しない／できないのです。

初期の雇均法世代がヘトヘトになっているのを見て、以後は、

「私はああいうの、無理ー」

と、キャリアウーマンなどはなから目指さない女性も多くなってきました。専業主婦は、恵まれた人だけがなれる特権階級となっています。

先日は電車の中で、若い女性会社員同士のおしゃべりが耳に入ってきました。彼女達は、そろそろ結婚を、と考えているお年頃らしい。

「○○ちゃん、産休入ったって」

「いいなぁ、産休」

「第一子の産休と育休が終わったら、すぐに第二子の産休取りたいよね」

「そうそう。それで、会社から取れるものは全部ふんだくってから、会社辞めたい」

「だよねー」

ということなのです。

私はそれを耳にして、うっすら哀《かな》しいような寂しいような気持ちになったことでした。二十代のうちから、子供を産みたいときちんと考えていることは、人生設計の上でとても良いことです。これもまた、ヘトヘトになるまで働いて結局、子を産むタイミングを逸した先輩女性達の姿から学んだことなのでしょう。

しかし、働く楽しさと家族を持つ喜びを、男女が共に両方味わえるようにしたいもの

ですよね……と色々な立場で考えている人達は、この「取れるものは全部ふんだくってから、会社辞めたい」という発言を聞いたら、がっかりすることでしょう。それもこれも、日本において、それも特に東京において会社員として働くことが、人間にとってハードすぎるからなのではないか。子供を預けて長距離通勤して会社で働いてさらに帰ったら家事・育児が待っている……となったら、やはり「産まない」となるか「ふんだくってから辞める」かにならざるを得ないでしょう。

その昔、就職活動の時、総合職を目指す気配を微塵も見せず、大手商社の一般職などに収まっていく友人達を見て、私は女子マネを見る時のような気分（前章参照）を覚えていました（実際、女子マネ達はその手の仕事に就いていったのだが）。「仕事がしたいんじゃなくて、男の人、それも条件が良い男の人をサポートしたいってことでしょう？」と。

が、今となってはわかります。生活の質を重視するのであれば、仕事における「高み」など目指す必要は無い。良い条件の夫を見つけて、適当なところで仕事からは足を洗おう。……と、彼女達は大学生の頃から、考えていたのです。そして男性をサポートすることが自分の本分だと、彼女達は真剣に思っていた。

雇均法は、女性界の中に昔からうっすらと存在した、「自分で働きたい人」と「男性をサポートしたい人」を分ける線を、明確にしました。それは男尊女子とそうでない人を分ける線だったのかもしれず、「見えない線だった方が、よかったのかもね……」と、思うこともあるのです。

3 九州男女

東京生まれの友人が九州出身の男性と結婚し、何だかんだとあった末、

「九州……、独立してほしい」

という言葉を残して離婚しました。何があったのかはわかりませんが、東京のリベラル系家庭で生まれ育った彼女にとって、九州の旧家の息子との結婚生活は、ストレスフルなものだったらしい。

「日本人同士なのに国際結婚みたいなのよ。『これは国際交流なんだ』と思って日々を過ごそうとしたけど、なまじ言葉が通じる分、つらかった」

のだそうです。

九州男児は男尊女卑、という話は定説として存在します。時代とともに、昔ながらの九州男児は激減しているという話もありますが、福岡出身であるラグビーの五郎丸選手は、一九八六（昭和六十一）年生まれだというのに、好みの女性のタイプをテレビで聞かれて、

「一歩二歩、後ろを下がって歩く女性がいいですね」

と言っていたのが話題になったものです。どんな女性を好むかは個人の自由なので、別によいのです。が、若いのに「自分より前に出ない女が好き」ということをテレビで躊躇なく公言できる、ということに私は「おっ」となり、「やはり九州だから?」と思ったものでした。そんなこともあってか、福岡在住ということになっている「クッキングパパ」がいくら妻子のためにせっせと料理を作っても、男尊女卑イメージはなかなかくつがえりません。


九州男児の男尊女卑傾向は、皆が皆ではないにせよ、多少は存在するのでしょう。私も昔、飲み会の席でぼーっとしていたら、九州男児から当然のようにお酌を求められて、驚愕《きょうがく》したことがあったものです。

また、ある東京在住の九州男児は、

「東京の女の子と付き合ったこともあるけど、デートの時に俺の前を歩いたりされて、それがどうしても無理だった」

と言っていました。彼はまた、「飲み会の席でサラダを取り分けないような女は無理」なのだそうで、彼はその後、東京女とは別れてやっぱり九州女子と交際、そして結婚。そういえば前述の、九州男児と離婚した友人の元夫もその後、九州出身の女性と再婚していましたっけ。

九州男児とリベラル女子の交際は、このようにうまくいかないことが多々あります。そして九州男児は、「やっぱり自分には……」と、シャケが故郷の川に戻るように、九州女子へと戻っていくのです。

対して九州女子は、オールマイティーに受けが良いようです。九州男児のみならず、日本で男として生まれた人で、「一歩下がる女」が大嫌い、という人はあまりいません。男の前をのしのし歩くようなリベラル女と付き合えないわけでもないけれど、いざ九州女子と付き合ってみたら、しっかり者だけれど優しくて、何だかホッとする……という、非九州男児も。

知り合いの中には何人か、九州転勤になった折に地元の美女と交際して結婚した東京男子がいました。転勤で心細い思いをしている時に、東京女とは違う九州女子の情の篤《あつ》さに包まれてうっとり……というのも、よくわかるところ。特に美女の多い福岡では、「転勤族に博多美人をかっさらわれる」という事態を、地元男性が苦々しく思っているようです。

私のようなガサツなリベラル系東京女は、自分のものだと思っていた東京男子を九州女子にかっさらわれる立場にありました。極私的な統計では、東京女と九州男児が結婚すると離婚しがちなのに、その逆はうまくいっている感じ。やはり男性は、「尽くしてくれる女」になびきがちと思われます。

そんなわけで九州男児との交際／結婚／破局経験がある東京女は、

「九州の男ってさー」

という悪口で盛り上がることがあるわけですが、そんな場に一人、九州出身の女性が交じっていると、少し可哀想なのです。「九州男児は男尊女卑」という話題が出た時、九州女子は、

「あなた達が男性を甘やかしているから、男尊女卑のままなのよ」

もしくは、

「よく平気で九州男児の相手をしていられるわね？」

と、つまりは「あなたは男尊女子なのでは？」と責められているような気がするのではないか。

そんな時に九州女子達はしばしば、

「でも本当は、九州では女の方が男よりもずっと強い」

と言うのです。九州男児は、表に出た時にさえ立てておけば満足する。家庭で実権を握っているのは女であり、男は女の手のひらで踊らされているようなものなのだ、と。

「だから九州女は可哀想ではないし、不幸でもないし、ましてや男尊女卑に甘んじているわけでもない」と、彼女達は言おうとしています。「九州男尊女卑説」を、我々は悔しまぎれに、そして半ば面白半分に言うわけで、九州女子としては同胞男子の悪口を聞

くのも、つらかろう。

確かに、非九州人には想像のつかないレベルで、九州女子は「強い」のです。家の中で女性がしっかりしているからこそ、男性が外で張り切ることができるのであり、九州男児は九州女子に、基本的には甘えている。

それは、九州に限ったことでもなさそうです。日本の各地を旅していると、男尊女卑傾向が強めの場所はそこここにあるのですが、そういった地域の人達は皆、

「本当は女の方が強いのだ」

とおっしゃるものなのですから。

それは、呪文のようなものなのかもしれません。男女に限ったことでなく、身分や経済力などで人間の上下が決まってしまっている社会において、「下」側の人は往々にして、腹の中で相手を憐《あわ》れみ下に見ることによって、「下」であることのうっぷんを晴らそうとします。たとえば会社においても、地位に恵まれない人は順調に出世をする同僚に対して、

「あいつは仕事が全然できないのに、学歴が高くて外ヅラが良いだけで出世している。本当に仕事のことがわかっていて人望があるのはこの俺。俺がいなくてはあいつは何もできない」

と思うことによって「出世できない」という屈辱に耐えていたりするものです。

同じように表面的に常に「下」でいなくてはならない女性達も、外で男性からどれほど愚妻扱いされようと、

「本当に強いのは私で、本当に実権を握っているのは私」

と一人つぶやくことによって、悔しさや屈辱を乗り越えてきたのではないか。

とはいえ、九州でずっと生まれ育った人からしたら、このような推測は「は？」という感じなのでしょう。九州では、男女の関係において、ある種の「型」のような安定があるのです。家の中のことは妻が取り仕切り、対外的な部分は男の領域。博多祇園山笠は男だけの祭り。女は男の前を歩かない。……というのは単なる「決まり」であって、上だの下だのといった話ではない。「車は左、人は右」というのと同じで「男は上座、女は下座」なのだ、と。

そういえば九州のとあるお店に入った時、東京であればカップルは女性が奥に座るのが一般的ですが、ずらりと男性が奥に座っていて、驚いたことがありましたっけ。それもまた「そういうもの」と決まっているのであり、交通法規に従うように男性が奥に座っているのかもしれず、それを「男尊女卑」「差別」と言われると「ちょっと違うんだけどな」と思うのかもしれない。

そんな九州女子達の、基本にある心理。それが、「男を立てる」というものです。家の外において、男性がその面子《メンツ》を保っていられるべく、常に花を持たせてあげるよう、

気をつける習慣があるのだそう。

　私がそこで疑問に思うのは、女から「立てて」もらうことは男性にとって恥ずかしくないのか、ということなのです。私もまた、若者や仕事相手の方から「立てて」もらうことがあります。たとえば私が得意ぶって同じことを二度言っても、若者がまるで初めて聞いたように聞いてくれる、とか。が、後になって「ああ酒井さんまた同じこと言ってるよ、仕方ないからもう一度『すごいですねぇ』って言っておいてやろう」、と先方は思っていたのだなぁ、「立てて」もらっていたのだなぁ……と思うと、非常に恥ずかしいし、申し訳ない。

「立てる」とはつまり、相手を憐れに思うということなのであり、「立てられる」くらいなら、

「酒井さん、それ前にも聞きましたよ」

と言ってほしかった、と私は思います。

　しかし男性は、「立てられる」＝「憐れまれる」という感覚は、あまり無いようです。たとえばある男性は、まだ若く貧乏な時、自分より稼ぎのある女性と付き合っていたのだそうです。その女性は、デートの日は必ず、何枚かの一万円札が入った自分のお財布を男性にそっと渡し、そこから男性が全ての会計を支払うようにしてくれていたとのこと。そんな女性の態度に男性はグッときて、その後二人はめでたく結婚しました。

これぞまさに「男を立てる」という行為かと思うのですが、私はしかし「あなたより私の方がお金を持っているのだから、私がデート代は支払うわ。でも女の私が支払いをしてはあなたの面子がつぶれるでしょうから、お財布は渡しておくわね」と、自分の彼女から憐れまれていることは男としての恥にはならないのか……と、やはり思うのです。自分の彼女に対しては「男を立て」なくて平気なのか、とも。

「立ててもらいたい」傾向の強い男性は、どうやら「ウチ」に対しては恥の観念を持たないようです。レストランのレジ係の人やレジの周囲にいるお客さん達といった「ソト」の人に「男性が支払っているのね」と思わせることで、彼の男は立つ。財布の本当の持ち主である恋人は「ウチ」の人なので、どんな恥ずかしいところを見せても、そしてそのことを憐れまれても、よいのでしょう。

お金が無いなら無いで、「無い」という顔をしていられることが、本当の強さではないか。女からそっとお金を渡されることに屈辱を感じないとは、どんな弱虫なのだ。……なーんて思ってしまう私は、すなわち「男を立てられない女」。つい、

「自分で立てば？　立てるよね？　立てないなら、寝てれば？」

という態度をとりがちなのであり、もちろん九州男児にはウケが良くありません。

女性から立ててもらうのが嬉しいのは、しかし前述の通り、九州の男性ばかりではないのです。その傾向に濃淡はあれど、日本の男性は皆、女性から立ててもらうことが好

き。

以前、みうらじゅんさん（京都府出身）と対談をした折も、やはり「男は女性から立ててもらいたいものなのだ」とおっしゃっていたことを記憶しています。さらには「男を立てる」ということは「男を勃《た》てる」のと同義なのだ、とも。

私はそれを聞いて、何かがわかったような気がいたしました。男は、女から「立ててもらう」ことによって「勃つ」。ガサツに扱われては勃つものも勃たない、男はそれほど弱くて繊細な生き物……。

男性は、「勃つ」ことができなくなると、男としての自信を失うものなのだそうです。「それくらいどうということはないのでは？　その部分がどうであっても、性別としては男でしょ」というのは、やはりガサツな女の意見。「勃つ」ことは男性としての自信となるのであり、バイアグラなどが売れるのはそのせいなのでしょう。

とはいえ今や、「女性から立ててもらいたい」と願う男性は、古いタイプとなってきました。今時の若者は、「男」などというものが立たなくとも、ちっとも構わないように見えます。お金が無いなら、別にヒモ体質というわけではないけれど、

「今日カネ無いしー」

と、堂々と口にできる。その時、一緒にいる女性がお金を持っていれば、彼女がレジに行って支払っているのを、後ろで平然と見ていられるのです。

もしもその時、女の子が自分の財布をそっと男の子に渡したら、彼はギョッとすることでしょう。「は？　なぜ自分の財布を僕に渡すの？」と。彼等は、自分の弱さ・ダメさが他者にばれても大丈夫、というある種の強さを持っています。そんなところを女子からカバーしてもらわずとも、平気で生きていくことができるのです。女が男を「立てる」という技巧は、そんな男子にとってはもはや無用のものとなっている。

彼等はまた、「勃つ」ことへのこだわりも淡白です。女の子から「立てて」もらわなくても、はたまた「勃てて」もらわなくても、別にいいし〜……と、まったり寝そべっている感じ。

そんな若者達を見て、ついイラつきを覚えてしまうのは、東京生まれのリベラル派とはいえ昭和生まれである私が持つ、男尊女子成分のせいなのだと思います。若者カップルが、食事代を一円単位まできっちりと二分割しているのを見て、「割り勘は仕方ないにしてもさぁ、ちょっと男が多めに払えばいいことじゃないの。まったく今時の男子は……」などと思うのも、そのせい。

女が男を「立てる」ということ。それは今や、主に九州地方において継承はされているものの、その継承者はどんどん減っているようです。「立てる」というのは、単に男性に隷属することではありません。そして男性に優しくしさえすれば「立つ」わけでもないという、非常にテクニカルな行為。男性の誇りを傷つけずに、そして甘やかしすぎずに彼等を立たせるのは、頭が良くなくてはできないことなのです。

女性から上手に「立てて」もらった時、男性はさぞかし気分が良いのでしょう。その気分の良さを知ってしまったら、そりゃあ東京女などとは付き合えまい。

しかし九州女子達も次第に、疲れてきているのだと思います。九州に代々伝わる「立てる」技術であるとはいえ、女も立ててほしい時があるのだし、「本当に強いのは女」かもしれないけれど、弱くなりたい時もある。

……ということで、「立てて」&「勃てて」もらうのもいいけれど、女性だって立ちたい時もある。ギブ&テイクということで、九州に限らず日本全国、互いに支え合って互いが立っていられたらいいのにね、と思います。

4 ニュートラ

大学生になった時のこと。いつの間にか周囲の女子大生達が、「『JJ』とか『CanCam』に載っている&読んでいる人」と「それ以外」に分かれていたことに、私は驚きました。

私は当然、後者であったわけですが、友人の中には前者も多かった。それは、いかにもその手の雑誌に載りそうな、華やかな人だけではありませんでした。高校時代まではド地味だったのに、大学生になったら髪を伸ばしてメイクをし、花が開くかのように美しくなって「JJ」誌面を飾るようになった友人などもいたものです。つい数ヶ月前までのモッサリした姿を知っているだけに、

「あの子、女装を始めたのね」

などと、意地悪な友人同士で言い合ったものでしたっけ。

「JJ」「CanCam」等のコンサバ系女子大生雑誌は、独特の嗅覚をもって、将来はきれいな専業主婦になりそうな女子大生だけをピックアップし、読者モデルに採用し

ました。既成概念にどうしても反抗してしまうとか、男をつい下に見てしまうといった思考癖を持つ女子大生は、たとえ美人でもおしゃれでも、これらの雑誌に載ることはなかったのです。

読者モデルに適した女子大生を見つけることは、そう難しくはなかったのでしょう。それと言うのも彼女達は、一目見れば判別のつく服装をしていたから。そして、その手の服装の源流をさかのぼっていくと、「ニュートラ」という一つのスタイルにたどり着きます。

ニュートラは、一九七〇年代の半ば頃から流行しだしたファッションで、その発祥の地は神戸。「ニュー」な「トラディショナル」で「ニュートラ」です。

ニュートラブーム前の六〇年代、世はアイビーブーム。アメリカのアイビーリーグの学生を手本としたトラッドファッションが流行ったのです。

さらにはヒッピームーブメントというものもありました。「ラブ&ピース」な感じで、清潔感にやや欠けるズルズルな服が特徴的。

アイビーやヒッピーなどのファッションへの反動として生まれたのが、ニュートラなのだと私は思います。アイビーほどかっちりしておらず、ヒッピーのようにズルズルもしていないファッション……ということで、神戸のおしゃれな女性達はニュートラを開発したのではないか。一定の枠の中で、女性らしさや色気を発揮するため、トラッドにヨーロッパのハイブランドを取り入れてみたのが「ニュー」のニューたる所以《ゆえん》。

ニュートラは、華やかでエレガントだけれど、なにせ「トラ」ですので、枠からはみ出ることは決してありません。「ニュー」であっても「トラ」なのだ、という安心感は、男性におおいにウケました。かくして、ファッションセンスは良いけれど突飛な生き方をするつもりは無い神戸の富裕層は、はからずも日本史上最強のモテファッションを、作り上げたのです。

ニュートラ誕生という現象は、日本女性の歴史の中で、非常に大きな意味を持つ出来事ではないかと私は思います。BNT（ビフォア・ニュートラ）とANT（アフター・ニュートラ）では、女性の世界は大きく変わりました。

ニュートラが持つ意味合いはおいおい説明していくとして、このファッションの曙光を初めて紹介したのは、意外にも「an・an」であると言われています。「an・an」でのニュートラ初出は、一九七四（昭和四十九）年九月。

「さんプラザの新しい波（ニュー・トラ）いま神戸で」

という特集が見られます。神戸三宮《さんのみや》センター街で、「ニュー・トラ」という新しいファッションが流行している、というのです。

翌七五年一月にも、

「いま話題のニュー・トラって何？　図解でご覧に入れる、話題のニュー・トラッドの

「ニュー・トラのすべて」

という大特集が組まれるまでに関心は深まります。さすが平凡出版（現・マガジンハウス）、新しいファッションには敏感なのです。

七五年六月には、光文社から「ＪＪ」創刊。「女性自身」の別冊だから「ＪＪ」であるわけですが、これは多分にアンノン族狙いの雑誌であったようで、「吉備路・山陽路の魅力」といったアンノン感漂う旅の特集が。

しかしさすが「ＪＪ」、創刊号の表紙に大きく記してあるのは「ニュートラ」の文字。ニュートラという路線は「行ける」、と踏んだのでしょう。

では「ａｎ・ａｎ」は、どうしたのでしょうか。それまでは、アイビー特集もあればリセ特集（フランスの女子高生であるリセエンヌ風ファッションの意。「オリーブ」でお馴染みのリセエンヌを初めて紹介したのは「ａｎ・ａｎ」だった）もあるという具合に、色々なファッションを紹介していた「ａｎ・ａｎ」。が、ニュートラ流行後はニュートラへの肩入れが強くなってきたわけで、そのままニュートラ誌になる可能性も、あったのです。

ところが「ａｎ・ａｎ」には、次第に迷いが見えてきました。七六年九月には、

「ニュートラのきめかた」

という特集が。そして同年九月には、

「あなたはニュートラ派？　リセ派？」

という大特集が。

この特集では、ニュートラとリセの特性が明確になっています。

「（ニュートラは）かなり異性を意識している服です。男性がニュートラの服の人をお嫁さんにしたいという意識が起ったとすれば、リセのファッションには、友達に、恋人にしたいということになるかもしれません……」

とある。ニュートラとはすなわち「男性に結婚を考えさせる服である」ということが、ここに明文化されています。

さらには、

「ニュートラが、男性に対して『私は女性です』と叫びながら歩いているファッションだとしたら、リセは、『男女平等』と呼びかけながら歩いている服かもしれません」

という文章も。自分が好きなものを、工夫しながら着るのがリセ。対してニュートラは、女性性をアピールするための服なのだ、ということであり、「ａｎ・ａｎ」はニュートラの特殊な性質に戸惑っているようでもあります。

この号では、男性達にも意見を聞いていました。

「ニュートラのほうが女っぽさを感じますね」（はらたいらさん）

「僕は、ズボンはキライですなあー。女はスカートですな。だからそれでリセは失格で

すわ」（内藤國雄さん）

と、ニュートラ派は語る。街で振り返って見るのも、お嫁さんにしたいのもニュートラだ、と。

対してリセ派は、

「自分の着たいものを着て、自由なナリをする。オリジナリティーがある点でリセがいいな」（岡本太郎さん）

「ニュートラの凝りかたは好きじゃないな」（吉行淳之介さん）

と、支持する人も個性的。

ニュートラか非ニュートラかは、生き方の違いに直結していました。ニュートラは「結婚向きのモテファッション」。リセなど非ニュートラは「自分主体の非モテファッション」なのであり、ニュートラを着るか否かということは、「男本位で生きるか、自分本位で生きるか」の違いだった。

「ニュー・トラのすべて」でも、「あなた、ニュートラに賛成？　反対？」というページがありました。ニュートラ派は、

「流行にのった新しい服装の人って、ダラシない感じがするの。服装だけじゃなく、生き方とか考え方も……」

と、非ニュートラ派の人格を攻撃。

「ウーマンリブなんて絶対イヤ。ニュートラを着ている人は、おしゃれも生き方も、清潔なケジメがあるんです」

と、ニュートラ人生を肯定しているのです。

「JJ」はニュートラ肯定が前提ですので、ニュートラの是非を論じる感覚は、無かったことでしょう。が、「an・an」にはまだ迷いがありました。そして「an・an」は、次第にニュートラに対して距離を置くようになります。確かにニュートラは流行しているけれど、このファッションはそれまでの数々の流行と違い、「an・an」という雑誌が推奨する「自分が着たいものを着る」という生き方を否定するものである、と。

かくして「an・an」は、ニュートラと決別します。そしてニュートラは、ニュートラに特化した雑誌「JJ」、さらには「JJ」を追って出てきた「CanCam」や「V・i・V・i」といった赤文字系雑誌の中で、ニュートラ是非の論争などに巻きこまれることなく、のびのびと羽ばたくことになったのです。

ニュートラは、「より良い結婚をするための服」です。「an・an」においてニュートラを好む男性は、

「女は一歩退って、しゃしゃり出ないものだ、と思っている」

と言っていました。またニュートラ派女性は、

「夕方6時には家に帰るし、母が眉をしかめる服装はしません」

と。「ウーマンリブなんて絶対イヤ」と言う女性もいたように、ニュートラ派は保守系のファッションです。「男性より前に出ない」「突飛な格好をしない」ということが「清潔なケジメ」だと捉えるという、すなわちそれは男尊女子ファッションだった。

だからこそニュートラ女子はモテたわけですが、このようなファッションが流行ったことは、時代と無関係ではありません。戦前の日本ではお見合いで結婚する人が七割だったのが、戦後はその割合がどんどん減って、六〇年代末には、お見合い結婚をする人と恋愛結婚をする人の比率がとうとう逆転したのです。

ニュートラが流行りだした頃というのは、ですから「結婚をするために、自分で何らかの努力をしなくてはならない時代」でした。ぼーっとしていても、親や親戚が良い相手を探し出してくれてお見合い結婚ができる時代は、終わった。より良い条件の相手と恋愛し、結婚まで持ち込むためには、「男性が好むファッション」、それも単に色香で男性の目を惹いて「やりたい」と思わせるのでなく、「この女性と結婚したい」と思わせるファッションを身につける必要が生じてきたのです。言うなればニュートラは、結婚への危機感が生んだファッションだった。

だからこそニュートラには、男性心理を巧みに読んだ上での複雑なルールがあります。スカートは、長すぎず短すぎず。タイツや生足でなく、肌色ストッキングを着用。メイクはきちんと、しかし濃すぎず……等々、一般的な男性のツボをグッと押しつつも、男性の家族をも納得させることができる中庸さを重視したファッションが、展開されることになった。そのルールが複雑であるが故に、マニュアルとしてのニュートラ系赤文字女性誌は、隆盛を極めることになったのです。

ニュートラ派女性達の男尊女子っぷりの根底にあるのも、「その方が結婚しやすいから」という感覚です。日本の男性は、女性性が高めだけれど派手すぎず、一歩下がっている女性が好き、ということを本能的に察知しているからこその「ウーマンリブなんて絶対イヤ」発言。男女平等を叫んだって何の得にもならない。控え目にしておいて好条件の人と結婚した方が、どれほどラクで幸せか、と。

その後、お見合い結婚率はどんどん低下して、九〇年代には一割以下となります。女性の大学進学率は、どんどん上昇。「ニュートラ」という言葉は次第に消えていきましたが、ニュートラを源流としたファッションの女子大生は、バブルの時代に向けて増えていきました。七〇年代、「あなたはニュートラ派？　リセ派？」と「ａｎ・ａｎ」が問いかけていましたが、その後の時代も、「あなたは結婚のためのファッションを好むのか、それとも自分のためのファッションを好むのか」という問いかけは続いたのです。

私は、「結婚のためのファッションがある」とは全く知らずに、女子大生となりました。別に前衛的なファッションが好きなわけではなかったけれど、服を選ぶ時は、異性の好みよりは自分が好きかどうか、そして自分がラクかどうかを重視。「ＪＪ」「Ｃａｎ

Ｃａｍ」にはピクリとも触れずに四年間を過ごす、と。

「ＪＪ」っぽいファッションの友人知人を見て私は、「あんなつまらない服を着て、何が嬉しいんだか」と思っていました。彼女達はえてして真面目で成績も優秀なので一流企業に就職するのだけれど、その会社のエリートとかと結婚をした時、もしくは子供を産む時、もしくは夫が海外駐在をする時に全く躊躇なく会社を辞めて、順調に専業主婦になっていったのです。

まさにニュートラの王道を彼女達は歩んでいたわけですが、私はそんな人を見て、「せっかく親に大学まで出してもらったのに、一流企業を三年で辞めるだなんてもったいない！」と思っていました。が、それはトンチンカンな感想というもので、ニュートラパーソナリティーの人にとっては、会社を辞めて専業主婦になることの方がよっぽど誇らしいことだったらしい。

ニュートラというファッションは、このように世の女性を二分しました。男尊女子であるニュートラ派と、男女平等を叫ぶ非ニュートラ派。結婚保守派の制服であるニュートラに男子達がふらふらと吸い寄せられていくのを見て、「アホか！」と非ニュートラ女子はイラついたものですが、しかし猫にマタタビ、男にニュートラ。普段は前衛ぶっている男性の結婚相手が実はバリバリのニュートラだったりして、「結局そっちなのか」とがっかりすることも、ままあったものです。

「だったらあなたも私達のようなファッションを身につければいいじゃない？」

とニュートラ派は言うことでしょう。が、イデオロギーが伴わないとどうしても着る気にならないのが、ニュートラ系ファッションというもの。そしてニュートラ系ファッションは、常にストッキングにパンプスといった感じで、快適性が低いことこの上ない。さらには髪もメイクも手が抜けず、几帳面でないと務まらないのです。人は決して、ラクしてモテることはないのですね……。

ニュートラというファッション自体は既に消えましたが、「きれいな専業主婦になって夫を支えるのが妻の王道」と考えるニュートラ思想の人は、消えるどころか増加傾向にあります。彼女達は今も、「男女平等とかって、そんなに一生懸命にならなくったって……」と思っているのです。

彼女達と我とを分ける線。それが引かれたのが、一九七四年だったような気がしてなりません。ニュートラというリトマス試験紙によって日本の女性は二つに分断されたのであり、その時に引かれた「ニュートラ線」に漂う緊張感は、今もなお消えていないのです。

5　言葉の女装

高校生の息子を持つ友人がいます。息子には同級生の彼女がいるのだそうで、家に遊びに来たりもするとのこと。

「でもね、最近の女子高生にはびっくりするわよ。家に来て、私には普通に挨拶とかするんだけど、息子に対してはひどい言葉遣いなんだから」

と、友人。

息子の彼女は、息子のことを「翔吾（仮名）ーっ」と、呼び捨てにするのだそう。そして、

「翔吾ーっ、腹減った」

などと、言い放つのだそう。

「私ですら息子のことは『翔ちゃん』って呼んでるから、呼び捨てにされると何か腹が立っちゃうんだけどさ、でも今時の子ってこれが普通なのかしらね。うちの子も別に嫌がりもしないで、いそいそラーメンとか作ってあげてるもの」

と、友人は言っておりました。

確かに、最近の女子高生の会話を電車の中などで漏れ聞くと、その言葉遣いがほとんど男子と同じであることに、驚きます。

「このパン、めっちゃうめーよ、やべぇ」

「ちげーよ、それパンじゃなくてドーナツ」

「同じだろ！　マジうぜー！」

「ウケるんですけどぉ〜」

みたいな会話を聞いていると、大人としては「あらあら」と思うわけですが、そこで考えるのは「彼女達は、この先どのような言葉遣いをするようになるのか」ということ。

思い返してみますれば、自分自身もまた、高校時代はひどい言葉遣いをしていました。

「このパン、クソまじー（「ひどく不味《まず》い」の意）。食べてみ」

「マジマジ？　本当だ、ザケンナ（「ふざけんな」の意）って感じだね！」

「だよね〜」

といった私達の会話を、当時の親世代の人は「何て下品な。この子達は大人になったらどうなるのかしら」と、眉をひそめて聞いていたのではないか。

しかし我々世代は、同性の友達同士の間ではひどい言葉遣いをしていても、いざ男女交際絡みの現場においては、「言葉の女装」をしていたのです。高校生同士の合コンのようなものがしばしば開催されていたのですが、その現場においては、「クソ」とか「ザケンナ」といった言葉は、モテなくなるので封印。友達同士であれば、

「○○って、クッソ面白いよね！」

と言うところを、

「○○くんって、すっごく面白いね！」

などと、普段よりワントーン高い声で会話していたのです。もちろん、デートの場においても言葉の女装は継続。そうこうしているうちに社会人になった頃から、「クソ」とか「ザケンナ」といった言葉遣いは、友達同士の間でも自然としなくなりました。

しかし今の若い女子を見ていると、男女交際の現場においても、そのまま男子的な言葉遣いをしているのです。我々だったら、意中の男子の家に行って、

「翔吾ーっ、腹減った」

とはとても言えなかったもの。男子に好かれるためには、カジュアルながらも「女子っぽい」言葉遣いをしなくてはならないと思っていたし、彼の母親の前ではますます猫をかぶらなくてはならなかったので、

「翔吾くん、お腹空《なかす》いちゃったカモ」

とつぶやく程度だったのではないか（我々の時代、「翔吾」などという名前の男子はいなかったが）。

そんな我々が中年になってからは、もう一段階、言葉の女装度合いを強めました。三十代頃までは、友達同士で会話をする時は、

「明日の待ち合わせ、三時だよね？」

「そうだよ」

「ちょっと遅れるかもしんない」

といった言葉遣いをしていたのですが、年をとるにつれて、その手の言葉遣いが粗暴に聞こえてきたのです。そういえば我々の親世代は、「だよね」とか「だよ」とは言っていなかった。親世代は、若い頃から「だよね」とは言わなかったのであろうが、我々は「だよね」のまま大人に。しかし中年の「だよね」は結構痛いなぁ……ということで、自然と、

「明日の待ち合わせ、三時よね？」

「そうよ」

「ちょっと遅れるかもしれないのよ」

といった女装言葉を使用するようになってきたのです。

しかし「よね」とか「のよ」は、若者からしたら古語のように聞こえることでしょう。「よね」「のよ」といった語尾は、おそらく我々世代が最後の使い手になるのではないか。そして我々が年老いた時には、「最後の女言葉の話者」として、言語学者が聞き取り調

査に来たりするのではないか。

……と思ってしまうほど、若者達の言語のユニセックス化は進んでいる模様。小学生の姪の言葉遣いを聞いていても、アニメなどの影響もあって、「お前」とか「死ね」とか、男の子と変わらない言葉を使用することがしばしばです。

スパルタ叔母である私は、

「お友達の間ではどんなに乱暴な言葉遣いをしてもいいけど、大人の前では丁寧な言葉を使わなくちゃダメだからね！」

と、厳しく指導してみるのです。しかし指導しつつも、「本当にそうなのかな？」と思う瞬間が。

つまり姪は、私の時代よりもうんと男女平等教育が進んだ中で育っているが故に、女言葉を使用していない。それを、「女の子なのにそんな言葉遣いをして！」と私が目くじらを立てるのは、私が「女の子は女の子らしく話さないと」という旧弊な考えのもと、女装言葉を使用してきた昔の人間だからなのではないか。「言葉の女装をしなくてはモテない」という強迫観念があるからこそ、姪に指導をしているだけなのではないか……、と。

昔の日本においては、今よりずっと言葉の男女差があった模様です。それも、男言葉と女言葉の違いがあるのみでなく、夫は妻を「おい」「お前」と下僕扱いなのに対して、妻は夫に敬語を使うという高低差もあった。

そんな習慣が今でもフリーズドライされているのは、「サザエさん」の中です。

「あらお父さん、お出かけですか」

と、フネさんは波平さんに敬語を使用しているのです。

が、娘のサザエさんは、夫婦がタメ口で話す世代。サザエさんは、

「あらマスオさん、出かけるの？」

と言うのです。

妻が夫に敬語で話す夫婦は激減し、今や相当な高齢でないと、敬語夫婦はいないかもしれません。母親が父親に敬語を使用していたとしても、その娘は夫にタメ口を使うようになるのです。

しかしサザエさんとマスオさんもまだ、完全に現代風とは言えない言葉遣いをしています。サザエさんは「あなた」とか「マスオさん」と敬称付きで呼ぶのに対して、マスオさんは「サザエ」と呼び捨て。波平夫婦よりも少ないけれど、そこには僅かな「女が下」の感覚がある。夫を「あなた」と呼ぶ人も、もういませんね。

そしてサザエさんは、「だよね」とか「だね」とは言いません。カツオくんに対しては乱暴な言葉を使うこともあるけれど、基本的には女言葉を使用しているところを見ると、サザエさんは我々よりも上の世代という設定であることがわかるのでした。

マスオさんは妻の実家暮らしなので弱い立場という印象が強いですが、やはりサザエさんは決して、

「マスオー、腹減った」

とは言いません。

「今日はイクラちゃんが遊びに来たんだよ」

とも、言わないのです。

フネさんとサザエさんの年齢差は、二十数歳といったところでしょう。二十年余りで、言葉の男女差は、これだけ減少しました。であるならば、タラちゃんが青年になった頃には、彼女から、

「タラオーっ、腹減った」

と言われて、サザエさんをカリカリさせているかもしれない。

言葉の女装をしなくとも男女交際は可能、と思っている今時の若者のことを羨ましく思うことが、私はあります。「腹減った」とボーイフレンドに言うことができる女子は、男女の関係に対して、我々世代よりずっとフラットな考え方を持っているのではないか。してみると、「中年が『だよね』とか言っているのは、どうも痛い」と思う私の言語感覚は、男尊女子のものなのでしょう。女装言葉を使用することによって、「私は強くも粗暴でもガサツでもありません」とアピールしようとしているのです。

英語には、多少のニュアンスの違いはあっても、男言葉と女言葉というものが存在しないようです。映画の字幕や吹き替えでは、女優さんの台詞《せりふ》が、

「私も行くわ」

などと女言葉になっていたりしますが、それは日本人の翻訳者が女優の台詞ということで女言葉で書いているのであって、本当は男性と同じ言葉で話している。

そして私は、男女平等というものを考えた時に、日本語に男言葉と女言葉ががっちりと根付いているという事実が、かなりの枷《かせ》になっているように思うのでした。日本語は、「……だ」「……よね」「……わ」のように、語尾で男女の差が出るのみならず、一人称でも、「俺」「僕」「あたし」「ウチ」と、男女の差が明らかに出る。女性の場合は、ずいぶん大人になっても、

「ユリはね」

などと、自分の名前を一人称として使用する人もいるものです。

それらの言葉はつまり、

「アタシは女よ」

「僕は男だ」

と主張しながら話すためのもの、ということになりましょう。一人称が「I」だけだったらどれほどシンプルか、と憧れるような気持ちになるものです。

日本語には、敬語というものもあります。アメリカに住む知人が、

「どうして日本人は年齢のことにあんなにこだわるのかな？　こっちでは他人の年齢なんて気にしないのに」

と言っていました。またアメリカ企業の日本支社で働く知人によれば、

「社内の人に年齢を聞くのもＮＧ。私も、上司や部下が何歳か知らないもの」

ということなのだそう。

しかし日本には敬語があるからこそ、相手の年齢と自分の年齢を考えずにはいられないのです。相手が年上であることがわかっていて、タメ口で話すことができる日本人は少ない。その手の人は、「特殊に人懐っこい人」もしくは「礼儀知らず」と見られてしまうのですから。

社内の人に年齢を聞いてはいけないアメリカ企業の知人に、

「互いの年齢を知らないということは、じゃあ日本人社員同士でも全員、タメ口で話すわけ？」

と聞いてみたところ、

「それはさすがにできない……」

と言っていました。日本人同士で、明らかに自分より年上という風貌の人に対して、

「あなたの企画、良かったよ」

と言える人は、外資系でもさすがにいないのではないか。

同じように男女間においても、言葉の違いによって性差を意識せざるを得ないのが、我々日本人です。ではどちらかの言葉に統一すればいいのでは？　という気もするわけで、今時の女子高生はその実践者ということになる。

しかし彼女達が話すのは、実はユニセックスな言葉ではなく、男言葉。であるが故に、どうしても聞いていると「すさまじい」という印象に。若くて勢いがある年代だからこそ、彼女達は言葉の男装をしているのです。

では女言葉で統一してみるのは、どうでしょう。実際、テレビには女言葉で話す男性も多く登場。しかしやはり、それが女言葉であるが故に、彼等は「おねえ」としてカテゴライズされます。

おねえと言うと同性愛者というイメージですが、しかし最近は、おねえ言葉を話すけれど異性愛者、という男性もいます。男言葉の女子をも好きになることができる男子、そして女言葉の男子をも好きになることができる女子が、今は存在していることになる。

そんな彼等は、思考の部分でもフラットです。友人の息子である「翔吾」くんは、ガールフレンドから「腹減った」と言われたら、「下品な女だ」とも思わず、そして母親の手をわずらわせるわけでもなく、インスタントとはいえ自分でラーメンを作ってあげるわけです。きっと、残業で疲れた妻に、自然にお茶を淹れてあげられる大人になることでしょう。

先日は、おねえ言葉を操る上に女性的なファッションが好きなのだけれどヘテロセクシャルという男子が、自分の彼女とファッションやらメイクやらの話を楽しくしている姿を、テレビで見ました。彼等もとっても、楽しそうなのであり、そんな若者を見ていると、我々世代では考えられないほど、性差に対して柔軟な考えを持っていることがわかります。「やっぱり男らしい人でないと」「女らしい女が好きだ」といった感覚とはかけ離れたところで、彼等は人間として恋愛対象を見ているのではないか。

しかし、その手の感覚が一方で強まれば、もう一方では反発する動きが強まるのも、自明です。ラグビーワールドカップで一躍人気者となった五郎丸選手の、

「一歩二歩、後ろを下がって歩く女性がいいですね」

という発言については先に言及しましたが、あの手のマッチョ感覚も、古典的な〝男らしさ〟として人気。「男性に尽くすのが大好き」という正調男尊女子もまた、根強い力を持っているのです。

五郎丸選手の奥さんはきっと、一歩二歩下がりながら、夫に対して敬語で話しているのだと思います。その感覚は今や過去のコスプレっぽくはあるのですが、日本という国においては、この先もずっと残り続けるものなのでしょう。そして一方では、言葉の女

装・男装から解放された若者達が、フリースタイルで交際を進めていく。……という、両極端の恋愛スタイルが深まっていく気がしてなりません。

6 主人

男言葉と女言葉、というものについて前章では考えてみましたが、ある時、古い「婦人公論」を読んでいたところ、市川房枝さんによる「夫婦言葉遣い対等論」という文章が載っていました。

市川房枝と言っても、ご存じない方が増えてきたかもしれませんが、彼女は一八九三(明治二十六)年に生まれ、一九八一(昭和五十六)年に八十七歳で亡くなった、婦人運動家。一九五三(昭和二十八)年には参議院議員に当選し、亡くなるまで国会議員として活躍しました。

彼女は私が中学生の時に亡くなったのであり、私の記憶にあるのは、「おばあさんの国会議員」としての市川房枝。しかし彼女は若い頃から、平塚らいてうらと共に、女性に参政権を与えるための運動に力を注いでいました。日本の女性に選挙権や被選挙権が与えられたのは、第二次世界大戦に日本が負けた後のこと。結果的に女性参政権は「アメリカから与えられた」ということになるわけですが、それ以前も、日本の女性達によって、参政権獲得のための努力は続けられていたのです。

「夫婦言葉遣い対等論」が書かれたのは一九二七（昭和二）年、房枝が三十四歳の頃。愛知県の農家に生まれた房枝ですが、父親は教育熱心で、子供達に皆、高い教育を与えました。房枝の兄はアメリカに留学していたのですが、その兄がアメリカから帰ってきて、ある娘さんと知り合って結婚する頃のことが、この文章には書いてあります。

「とし子」という女性と結婚した、房枝の兄。結婚前は、

「とし子さん、一寸《ちよつと》お茶をとってくれませんか」

と言っていたというのに、結婚後は、

「とし、お茶を持って来い」

と言葉遣いが変わったというのです。

それはどうしてなのかと房枝が聞いてみたところ、

「女房をさん付けで呼ぶなんてみっともない。僕は大嫌いだ」

という答えが返ってきたのだそう。

房枝の兄はアメリカ帰りであり、「フエミイニストを以《もつ》て任じている程」の人。

「兄の場合は唯《ただ》一般的習慣に従っているだけで、特に妻を冷遇するという意志から出たとは思っていないでしょう」

と房枝は書きますが、しかしだからこそ問題があるのではないか、と彼女は思ってい

ます。つまり、アメリカで教育を受けたフェミニストでさえ、「女房をさん付けで呼ぶなんて、大嫌い」と思うほどに、「妻を大切に扱わない」という慣習は、日本の男性に染み付いているということではないか、と。

結婚前と後で激変する男性の言葉遣いに接して、

「女は結婚前は対等に扱われていながら、結婚してしまうと、夫の召使のような地位に置かれる事になる」

と思う房枝。結婚は女性を束縛し、その人格を無視するものなのではあるまいか、と記すのです。

この時代、女性は結婚すると、法律的には「無能力者」として扱われました。前述のように選挙権・被選挙権が無いばかりか、女性は政治的な集まりや政党に参加することも許されない。また結婚すると妻の財産は夫の管理下に置かれ、離婚をする時も、財産分与請求権は無し。法律的に重要な行為をする時は、必ず夫の許可が必要でした。

そんな世の中を変えようとしていた房枝にとって、結婚直後に男性から女性への言葉遣いが変わってしまうという事実は、日本の女性が置かれる立場を象徴しているように思えたのです。

「只《ただ》言葉の上だけといえばそれ迄《まで》かも知れませんが、言葉は思想を表現するものです。夫妻の呼称が対等にならぬ間は、妻は現在の地位を引上げる事は出来ないのではないでしょうか」

と、房枝は書くのでした。

日本の女性の法律的立場が激変するまで、あと二十年近くかかることを、この時の房枝は、わかっていたかどうか。我々は今、選挙の時は当たり前のように投票することができるけれど、それは当たり前ではなかったのです。

今、妻は夫に当たり前のようにタメ口をきいていますし、結婚前と後で男性の言葉遣いが激変することもありません。が、それもまた「当たり前」ではなかったのです。

夫に敬語で話す妻は絶滅状態となってはきましたが、しかしそれでも女性の中には、「夫が上で自分は下」という感覚が存在し続けることを物語る、男尊女子的な言葉遣いをしている人が少なくありません。その言葉は他でもない、夫に対する「主人」という呼称。

「うちの主人がね……」

「ご主人様、お元気？」

などと言う既婚女性は多いもの。

「主人」とは読んで字のごとく、「あるじ」という意味の言葉。ですから「私は夫に従属などしていない」と任じる人は、この言葉を嫌うケースが多い。「主人」を連発する女性に対して、陰で、

「お前は奴隷かっつーの」

など と言う人も。

しかし、今「主人」と言う女性達は、「言わされている」のではなく、「好きで言っている」のです。彼女達はある種のポリシーを持って、「主人」という言葉を使っている。専業主婦の方であれば、まだそれもわかります。「我が家では夫が経済的な大黒柱。私はそれを支える立場であるから、『主人』と呼んで当然なの」といった感覚が、そこにはあるのです。「私、ちゃんと食べさせてもらってますんで。ウチは、夫一人の収入でもじゅうぶん、子供を私立に入れられる暮らしができるんですよ」というアピールにもなりましょう。

一方で、自分も夫と同等、もしくはそれ以上の経済力を持っているのに、夫を「主人」と言う人もいるものです。知り合いの高学歴・高キャリア女性も、結婚した瞬間からとても嬉しそうに、

「主人がね……」

と言い始めていました。

が、その嬉しそう&誇らしそうな表情を見ていて私が気づいたのは、「『主人』っていう言い方は、一種の自慢なんだ!」ということ。「経済力を持つ女性って、往々にしてダメな男性と結婚しちゃうこともあるけど、私は違うのよ。私の方が収入は高いかもし

れないけど、夫だってれっきとした正社員。『主人』と呼んでも差し支えは無い立場なんですからね」ということを、表現したいのではないか。

彼女の中の「夫を立てなくては」という気持ちが、「主人」と言わせている部分もあるのでしょう。私と同世代、ということは男尊女卑思想を持つ両親に育てられた娘である、彼女。だからこそ今時の若者とは違って、夫よりも自分の方が収入が上、ということにちょっとした負い目がある。その事実を夫に深く認識させないために「主人」と呼び、「私はあなたよりも下にいますよ」と示したいのかも。

女性芸能人のブログを見ていても、夫を「主人」と呼ぶ人は少なくありません。アメーバブログ内で、既婚女性ブログを選んで眺めていたところ、夫の呼び方は何パターンかに分かれます。

「主人」　西田ひかる、三浦りさ子、東尾理子、渡辺美奈代、堀ちえみ、中澤裕子、保田圭、安めぐみ、安達祐実、安田美沙子

「夫」　里田まい、ギャル曽根、くわばたりえ、とよた真帆

「旦那さん／ダンナさん」　キンタロー。、絢香《あやか》、相田翔子、吉澤ひとみ、小原正子《おはらまさこ》、辺見えみり、藤本美貴

「パパ」　北斗晶《あきら》、神田うの、野田聖子、アグネス・チャン

「名前」　松本伊代（「ヒロミさん」）、青田典子（「玉置浩二」）

「彼」　吉川ひなの

……といった結果。全ての既婚者女性ブログを見たわけでなく、統計的に有意差が出るほどのサンプル数があるわけではありませんが、「主人」と呼ぶ人が多い傾向はある気がします。若い人でも、「主人」派は意外に多いのです。

夫を「主人」と呼ぶ女性タレントさん達は、個人の資質を生かすというよりは、結婚していること、子供がいることなど、「家族持ちである」ということをセールスポイントとしている人が多いように思います。保守的な家族観を持ち、そのことを皆に知ってもらいたいと思っている人が「主人」と呼ぶ傾向にあるのではないでしょうか。

それは、一般人においてもあてはまります。仕事をしていても軸足が家族にあり、かつ「家族の一員であること」にアイデンティティーを置く人は、夫を「主人」と呼びがち。対して、たとえ専業主婦でも、自立心が旺盛だったり、「家族持ちである」ということに既に飽き飽きとしていたりすると、「ダンナが」とか「夫が」とか「ウチのが」といった言い方になりがちなのです。

私は結婚していませんが、もし結婚していたとしても、決して夫を「主人」とは呼ばないことでしょう。私は仕事をしていて自分の食《く》い扶持《ぶち》は自分で稼ぐわけで、決して夫が「主人」ではないしなぁ、と単純に思うから。そしてもしも、ものすごく立派な男性と結婚したとしても、「主人」と呼ぶことによって夫の立派さをアピールしたいとは思わないのではないか。

「主人」派の主婦の皆さんは、

「でも、『主人』以外になかなか適当な呼び方が無いのよ」

とも言います。

「ママ友とかの間で、『夫』とか言うと、何か気取ってるムードになっちゃう。『ダンナ』じゃガラッパチすぎる感じだし、アメリカ人じゃないからハニーとかダーリンって言うわけにもいかないし」

ということらしい。

「夫」と言いにくい、というのは私のような者からするとよくわからない感覚なのですが、専業主婦の間では「意識高い系、みたいに思われないかと不安」なのだそう。主婦仲間における「主人」と呼ぶ同調圧力は、かなり高そうです。

「主人」と同じように、ある人にとっては不快に聞こえる言い方として「嫁」というのもあります。女に家と書いて、嫁。女を家に縛り付けるようで、家父長制を思わせる言い方だ、と。〝意識高い系〟の妻達は、

「うちの嫁が」

と夫や姑《しゅうとめ》に言われると、カチンときているのです。

私も、「そうか」と思って、誰かが結婚した時には「お嫁さん」と言わずに「奥さん」

と言ってみたりするのですが、「奥さん」というのもまた、「女というのは家の奥に引っ込んでいるべきもの」という感覚から来た言葉なわけで、「嫁」とどっこいどっこい。とはいえ他人の妻を「あなたの妻は」と言うわけにもいかないしなぁ……。

市川房枝のお兄さんも、結婚後は急に、

「とし、お茶を持って来い」

となってしまったわけで、つまり昔、「嫁」は〝セックスつき奴隷〟でした。夫や妻を呼ぶ時、そんな歴史の因習を背負っていない呼び名を探すのが難しい国に、私達は生まれたのです。

そんな自分もまた、「『主人』だなんて！」などとプリプリ考えている割に、その手の因習にとらわれる男尊女子であるということに気づくのは、法事の時です。私は「嫁」ではないので、自分が生まれた家関係の法事にのみ出席するのですが、そこでハタと気づいたのは、親戚の男性の妻達、つまりは「嫁」達の名前を私が全く覚えていない、ということでした。

つまり私は、親戚の中の「嫁ズ」のことを「○○さんの奥さん」「××くんのお嫁さん」としか認識しておらず、結婚して十年、二十年が経っていても名前を覚えない、すなわち一人の人格として認識していなかったのです。

その感覚はまさに、いかず後家である私が、家制度の中で彼女達を「嫁」としてしか認識していなかった証《あかし》なのではないか。

結婚して「嫁」となった友人達は、

「法事の時は、とにかく自分はマシンなんだと思って労働に徹する」

と言っていました。

「どうせ親戚中で誰も、私が誰だかなんてわかってないのよ。別の奥さんの名前で呼ばれたこともあるもの。だから法事の時はなまじ人間性なんか主張しないで、ひたすらお茶を淹れたりお酌したりしている方が、かえってラク」

ということなのです。

このような話を聞いていると、「嫁」と言われることに不快感を覚える人の気持ちも、よくわかるのでした。私も、「主人」には嫌悪感を覚えるのに対して「嫁」には無頓着でしたが、「不愉快に思う人がいるならそれは差別用語」であるわけで、気をつけなくてはと思った次第。

では何と呼べばいいのか、という問題が発生するわけですが、下の名前で呼ぶことが最もフラットなのでしょう。それはわかっているものの、日本人は、さほど親しくない人のことを下の名前で呼ぶことが不得意です。会社においても、「部長！」「課長！」など、上司のことは役職で呼ぶケースが多いもの。家庭においても、夫婦に子供が生まれると、「パパ」「ママ」と〝役職〟で呼び合うこととなり、互いをパパママと呼びだせばすぐ、セックス回数は激減するのです。そしてママは家の外でも「○○ちゃんのママ」と呼ばれるようになり、次第に人格がぼやけてくる……。

このように、他人を名前で呼ぶよりも、役職やら立場の名称で呼ぶことの方が安心する私達。「個」が前面に出る生々しさを避けずにはいられない国民性なのです。

市川房枝は前出の文章の中で、

「外国では夫婦や親しい友人の間では皆呼びすてにしています。夫が妻をケイトと呼べば、妻も夫をチアリーと呼びすてにしています」

と書いていますが、「呼び捨て」は、日本では普及しないものなのでしょうか。

家の中では互いに呼び捨てというパターンは、今や珍しくありません。が、家族以外の人と話す時に、

「主人は今日、ゴルフなの」

でなく、

「太郎は今日、ゴルフなの」

と言う人は、多くない。

「主人」も「嫁」も単なる習慣的な呼び名なのであるからして、そう目くじら立てなくても……と言う人もいるでしょうが、房枝の言うように「言葉は思想を表現する」もの。

「主人」にイラッとする私は、少なくとも親戚の男性と結婚した女性達の名前を覚える

ところから始めなくてはならないのだと思っております。あ、親戚の女性と結婚したムコ、じゃなくて男性達の名前も、ですが。

7　夫婦別姓

友人達が結婚しはじめた二十代後半の頃、結婚した途端にその人の呼び名を変える人がいて、驚いたことを覚えています。

たとえば、「佐藤真理」という人がいたとしましょう。彼女は学生時代からずっと、「サトマリ」とか「さとブー」などと呼ばれていたのに、彼女が結婚して夫の姓となった瞬間に、

「まりちゃん」

と呼ぶようになった友人が、少なからず存在したのです。

私は驚きのあまり、その中の一人であるA子ちゃんに、

「なんで突然、『まりちゃん』とか呼びだしたわけ?」

と聞いてみたところ、

「だってもう『佐藤』じゃないんだから、『サトマリ』はおかしいでしょ?」

との返答。

その答えに私は再び驚きました。そりゃ、戸籍上は佐藤ではないかもしれないけれど、あの子は二十何年もの間「佐藤」だったのだし、我々は知り合って以来ずっと「サトマリ」「さとブー」と呼んできたわけで、どうして結婚したくらいで手のひらを返したかのように違う呼び方ができるのか……、と。

しかし「まりちゃん」と呼ぶようになった友人は、私の驚きの方に驚いたようで、

「酒井も、もう『サトマリ』とか呼ばない方がいいよ。まりちゃんだって、もう佐藤とは言われたくないはずよ」

と、アドバイスまで。

ええええ、そうなの？　結婚して苗字が変わってしまうのが、女の人は嫌なのかと思っていたけれど、むしろ嬉しいものだったの？　そして苗字が変わると、旧友から旧姓で呼ばれることすら嫌なものなの？　……と、私は彼我の感覚の違いに愕然としたのです。

しかし私はそれからも、サトマリのことを「サトマリ」と呼び続けました。私が知っている彼女は「サトマリ」であって、決して「まりちゃん」などではない、と思っていたからです。サトマリ本人が、旧姓系の呼び名で呼ばれるのが嫌だったかどうかはわかりませんでしたが、少なくとも私の中では「善かれ」と思っての行為でした。

それから、幾星霜。サトマリも、A子ちゃんも、そして私も、中年となりました。今となってはわかります。私は今でもサトマリをサトマリと呼び続けていますが、そんな

私は夫婦別姓論者なのであり、A子ちゃんのような人は夫婦別姓反対論者なのだ、ということが。

と言うよりA子ちゃんは、「結婚して姓が変わることが、女の幸せ」と思っていたきらいがありました。幼少の頃から、少女漫画に出てくる格好いい男の人や、好きなアイドルの姓と自分の名前を組み合わせては目をハートにしていたA子ちゃん。自分にとって「姓が変わる」ということが目出度《めでた》い以外の何物でもなかったからこそ、他人に対しても旧姓で呼ぶことをタブーとしたのでしょう。

A子ちゃんが平凡な姓だったからこそその感覚も、あったのでしょう。そういえばユーミンこと松任谷由実さんも、エッセイ集「ルージュの伝言」の中で、結婚する時に、

「私の美意識では松任谷由実となるのがすごく合っていたのかもしれないね。名前も重みがありっぽいし」

ということで、歌手活動を行う名前も松任谷に変えた、と書いていました。結婚相手が「牛田」とかだったらもしかすると名前を変えずに歌い続けたのかもしれませんが(すいません牛田さん)、「松任谷」はやはり、格好いい感じがしたのでしょう。

格好いい感じがしたからだけでなく、まだウーマンリブの熱気が残っていた時代に、あえて苗字を変えて歌い続けるという姿勢が、逆に新しくもあったのだと思います。当時のユーミンの歌を見ると、シチュエーションは最先端だけれど、そこで描かれる男女

の関係性は、意外なほどにクラシックでした。女の子はいつも男の子の車の助手席に乗って、どこかに連れていってもらい、プロポーズを待つ、という存在だったのです。

ユーミン本人もまた、こと男女の間においては保守的な感覚を持っているようでした。世代のせいなのかもしれませんが、忙しい時も家事はしっかりする、といったことを各所で述べておられ、家事分担などは考えていない様子。私達ファンも、「あんなに活躍しているユーミンが、こんなに旦那様に尽くしているなんて」と、その偉業に驚いたりしていたのです。

おしゃれで格好よくて自分の考えをしっかり持っていて……という憧れの女性・ユーミンは、意外にもかなり、男尊女子成分が高い存在なのでした。だからこそユーミンの歌の数々は世の男尊女子に訴えかけ、ミリオンヒットとなったのでしょう。

話は戻って、そういえばA子ちゃんも大のユーミンファンだったわけですが、あいにく彼女の場合、自身の結婚では意外に苦労しました。A子ちゃんもまた、「松任谷」的な姓の男性と出会って姓を変える気まんまんだったのですが、そうはうまくいかず、平凡な姓の男性とすら、出会わない。

しかし、天はA子ちゃんを見放しませんでした。努力の結果、彼女は「松任谷」とまではいかないものの、まあまあ素敵な姓の男性と巡り会い、結婚することとなったのです。

結婚式の時、夫の姓をデザイン化したウェディング・グッズをたくさんつくっていたA子ちゃん。「本当に苗字を変えたかったのね……」ということを実感し、彼女だけは今後、決して旧姓で呼ぶことはすまい、と思った私です。

と、このように「夫婦同姓が幸せ」と思っている人の道を邪魔するつもりはない私は、すなわち選択的夫婦別姓制度に賛成する者なのでした。結婚して、夫の姓になりたい女もいましょう、妻の姓になりたい男もいましょう。それは好きにすればいいと思うのですが、中には互いが、「実家の姓を名乗り続けたいです」という場合もある。その時は別姓でいいではないの、と。

夫婦同姓を強制するのは違憲ではないか、という訴えが最高裁まで行き、二〇一五(平成二十七)年の暮に判決が出るということで、注目されていました。結果、十五人の裁判官のうち、違憲の判断は五人。残りが合憲ということで、「夫婦同姓はそのまま」ということになったのです。

ちなみに十五人のうち女性裁判官は三人で、その三人は全員、違憲の判断でした。もちろん、女性が全て夫婦別姓論者ではなく、A子ちゃんや自民党女性議員のような人もいるわけですが、十五人のうち三人しか女性裁判官が存在しないというのは、いかんせん少なすぎるというものでしょう。

選択的夫婦別姓に反対する人は、「家族の一体感が失われるから」という理由を言う場合が多いようです。選択的夫婦別姓は、希望する人だけが別姓となるわけですから、「家族の一体感を守りたい」と同姓結婚をする人は、同姓のままでいいのです。

それでも「家族の一体感が失われるから」と反対する人々は、他人の別姓のことを心配している、ということになります。

「私は同姓結婚をしますから家族の一体感は盤石ですけど、別姓結婚をした人の家庭が崩壊してしまうのが可哀想」

とか、

「身近に別姓家族がいると、その我儘《わがまま》な空気感が飛んできて、同姓で幸せに生きる我々家族の一体感まで失われるのではないか」

と、彼等は心配しているということなのか。

日本名物・同調圧力がそう簡単に無くなることはないでしょうから、九十六％が夫の姓を名乗るという世において、別姓を選択する人が半分になる、といったことは考えづらいものがあります。身近に一組くらい別姓の夫婦がいたからといって、別姓は伝染しませんから安心して、と言いたいところ。

家族や夫婦の一体感は、確かに無いよりはあった方がよいと思います。しかしその一体感は、苗字という文字によってでなく、家族間の関係性によって醸成されるべきものでしょう。実際、私が育った家庭はなかなかの〝火宅〟でしたが、両親の姓は同じでした。そして私は、姓は違っても仲のよい両親の元で育ってみたかったよ……と、とっぷり大人になった今となっても思う者なのです。

昨今の家族に関する政策を眺めていますと、このように決まった枠組みの中に家族を押し込むことによって家族というものを維持したい、という政治家側の感覚が見えることがままあります。二〇一七年一月からは、三世代同居住宅を建てる時は工事費を補助するという政策が始まりました。これは、少子化対策の一環でもあるのだそう。つまり、親の手が近くにあれば子育てしやすい↓子供が増える、という目論見《もくろみ》がそこにはある。同時にそれは介護支援ともなり、介護の手が近くにあれば↓介護もしやすい、ということに。

確かに、北陸などでは「三世代同居が多いので、子育てもしやすい」という声をよく聞きます。が、あちらは一軒あたりの面積も広く、三世代同居でもプライバシーが確保できたりするわけで、都会と同様に考えることは難しいでしょう。また最近のジジババ達は、

「私達は自由に老後を楽しみたいのだから、孫の世話とか押し付けないでね」

と言う人も多い。「昔みたいにおじいちゃん・おばあちゃんと一緒に住めば、子供も増えるし、お年寄りに優しいいい子が育つ」という政府の思惑通りになるのかどうか……。

ちなみに私が育った家は、三世代同居でした。三世代同居でも、このように腹黒い孫が育ち、その孫は一人も子供を産んでいない。そして、信じがたいことに風呂もキッチンもトイレも一つずつしかない平屋での三世代同居だったにもかかわらずその内側は〝火宅〟だったのであり、祖母はどれほど心を痛めていただろうと今にして思います。

保守系政治家さんとしては、

「あなたのような家は、レアケースです」

と言うのだと思いますが、個人の自由を知ってしまった日本人の異なる世代を、

「一緒に住めば子供が増えるかな？」

と、一つ家に入れてしまうのは、極めて危険な実験のような気がしてならない私。この実験が失敗に終わって、「やはり別々に住もう」ということになった時、せめて国がその引っ越し代も出してあげてほしいと望みます。

介護にしても、家族が近くにいればやりやすいということなのでしょうが、「担い手は誰なのだ？」と聞きたくなります。一九七八（昭和五十三）年の「厚生白書」では、

「同居はわが国の福祉における含み資産」

とされていました。つまりは「介護は嫁がするので、国はその分ラクができる」という感覚であり、嫁による無料の介護を「日本型福祉政策」として奨励していたわけです。

しかし、「そんなのやってられない」ということで核家族化が進み、介護保険制度な

どもできたというのに、再びの三世代同居奨励とは、これいかに。はたして覆水《ふくすい》は盆に返るのか……？

8 無知のフリ

HKT48の「アインシュタインよりディアナ・アグロン」という歌が話題になっている、というか炎上しているというニュースがありました。

「難しいことは何も考えない
頭からっぽでいい」

と始まるこの歌。「どんなに勉強できても愛されなきゃ意味がない」などと続き、つまり「女は愛されてナンボ。勉強など、いくらできても意味は無い」ということを歌っているわけで、「女性蔑視」「時代錯誤」といった批判が噴出したのです。もちろん作詞は、秋元康さん。

私はまず「ディアナ・アグロン」の意味がわからず、従ってこの歌のタイトルが意味するところがちんぷんかんぷんだったのですが、ディアナ・アグロンとはアメリカのテレビドラマ「glee」に登場する美人チアリーダーを演じる女優さんのことなのだそう。つまり「異性から愛されるかわいい女の子」をディアナ・アグロンが象徴し、アインシュタインは「頭が良い／勉強ができる人物」を象徴するわけです。が、アインシュタインというと天才すぎる上に男性なわけで、ディアナ・アグロンとは比較しづらいところ。せめてキュリー夫人にしてもらった方が……と思ったのですが、ま、そんなことはどうでもいいのでしょう。

歌詞を全て見てみますと、この歌が真剣に「頭からっぽでいい」と伝えたいわけではないことは、何となく伝わります。最後まで「かわいくさえあれば知性は不要」と訴え続けてはいるものの、だからこそ「今のご時世において、そんなわけがないだろう」と聴く者に思わせる効果がある、と言うか。

さらに言うならばこの歌は、「頭からっぽの女の子」と「頭からっぽの女の子を好む男の子」が存在する社会の是非を、世に問うているようにも思うのです。もしかしたら、ものすごく高度なフェミニズムソングなのかも。

実際に「頭からっぽ」な女の子はモテるのか、と考えてみますと、そうではありません。男性が好みがちなのは、「頭が悪い女の子」ではなく、「自分より少し頭が悪い女の子」。セフレや金ヅルとしてなら、シンプルに「頭からっぽ」の方が利用しやすいとは思いますが、交際をするならば、完全にからっぽでは困る。とはいえアインシュタイン並みに頭が良かったりすると自分のプライドが傷つくので、自分より少し頭が悪いくらいの女性を望むのです。

男性が女性に対して、本当に「頭からっぽでいい」と思っているなら、私達はまだラクだったのかもしれません。が、

「頭が良くて、話が面白い子がいいな。でも俺を超えない範囲でね」

という感覚の男性が多いために、我々は「自らをどう見せるか」という調整に苦労してきました。

とはいえ気づくのが遅いタイプの私、最初に「む?」と思ったのは、高校時代のこと。とてもモテる友人が、男子の前に出ると急にものを知らないドジっ子になるのを見た時でした。

「等々力って書いて、トドロキって読むの知ってたぁ? トウトウリョクかと思ってたぁ」

と言う彼女に対して、

「バッカだなぁ、そんなことも知らないのかよ」

と言う男子の目には、やけに優しい光が宿っていたのです。彼には、彼女の無知を軽蔑する様子は無い。むしろその無知を愛《いと》おしいと思っている様子が、見て取れたではありませんか。

彼等は、「等々力」も「日暮里《にっぽり》」も、それどころか「及位《のぞき》」も「帷子ノ辻《かたびらのつじ》」もすらすら読めるような女子、すなわち私のことは、

「へー、物知りだね」

とスルー。彼は、難読駅名の読み方を女子に教えてもらいたいわけではない。ちょっとバカな女の子に、自分が教えてあげたかったのです。

「トウトウリョク」と読んだことを「バッカだなぁ」と言われた女子が、

「バカじゃないもん！」

と口を尖《とが》らせると、

「じゃ、これ何て読むか知ってるか？」

と、男子はさらに「我孫子」などと紙に書いたりしていました。彼女はもちろん、

「がそんし？」

などと言うわけで、男子は、

「オマエ、なんにも知らないのな！」

と言いつつ、クシャクシャと彼女の髪を撫《な》でたりしているではありませんか。

しかし私は知っていました。東急沿線に住む彼女が、以前から普通に等々力を「トドロキ」と読んでいたことを。つまり彼女は、男子向けに「無知のフリ」をしていたのです。

私はこの時やっと、「どうやらものを知らない女の方が、異性に『かわいい』と思われるようだ」ということにビビビと気づきました。自らの知識を開陳しても、「ウザい」

と思われることはあれど、「愛《う》い奴《やつ》」と思われることはない。

興奮もさめやらぬまま家に帰ると、母親は、

「そういうのをカマトトと言うのよ」

と教えてくれました。カマトトとは何かと問えば、

「『カマボコって、おととからできてるの？』とか聞くような女のこと」

との回答があり、私は「うまいこと言うわ〜」と、さらに感動。そして日本においては昔から、モテるため、そして世渡りのために、女性の間で「カマトト」という手法が脈々と伝えられていることを知ったのです。

以後、気をつけて見ていると、「トウトウリョク」ちゃんは、女子だけでいる時はいつもテキパキと物事を進め、成績も良いというのに、男子の前に出ると途端にドジっ子になって、偏差値も二十くらい下がる感じに。そんな彼女はいつも、格好いい男子と付き合っていたのです。

私は、その姿を見てイライラしていました。

男子に対しては「それが頭が悪いフリだということに気づけ！」と言いたかったし、女子に対しても「せっかく親や先生が身につけさせてくれた知識と教養。だというのにバカなフリなどして、プライドというものはないのか！」と。

それは、モテる友人に対する嫉妬でした。羨ましさのあまり、自分もこっそりと男子

の前でものを知らないフリをしてみると、これが意外とよく効くではありませんか。トウトウリョクちゃんの無知のフリにグッときている男子に対しては「こいつはアホか、フリだってことに気づけ」と思っていましたが、自分の無知のフリに騙《だま》される男子に対しては「この人、いい人だわ〜」と思っていたのです。

カマトト芸が男子にウケた時の快感は、試験で良い点をとった時の快感とは全く別種のものでした。良い成績は頭に響く快感であり、カマトトの方は生理に響く快感、と申しましょうか。

勉強ができると、先生や親から褒められ、良い大学や良い会社に入ることができて良い人生になる。……と、単純に考えていた私。しかし「カマトト」という技術を知った時、「女の世界には二つの軸がある」ということをも知った気がします。すなわち、「お勉強ができることによって評価が上昇する軸」と、「お勉強ができることによって評価が下落することもある軸」が。

男子世界においては、その軸は一体化しています。小学生の頃は、お勉強だけができてもモテないかもしれませんが、大人になってくると、どんなに不細工でも運動神経が悪くても、東大OBだったり医者だったりするだけで、嫁の来手がある。E.T.そっくりの医者と美女、みたいなカップルも珍しくありません。

対して女子世界では、高偏差値や高キャリアが非モテの原因となることがしばしばなのであり、結婚に苦労する東大卒や医師、それも美人、はたくさんいる。

高偏差値・高キャリア女性は仕事が忙しくて出会いのチャンスが無い、といったこともありましょう。が、同じくらい忙しい男性の許《もと》には「結婚して！」という女性がにじり寄ってくるのに、女性にはそれが無い。

「女は男よりも、何事も下であるべき」という古くからの感覚が、偏差値とかキャリアとか年収とかが高い女性達に婿不足をもたらしているわけです。だからこそ女性は、「自らをあえて低く見せる」というカマトト芸を身につけることによって、「私はあなたを凌駕《りようが》しませんよ〜」というサインを出した。

これは神様のお陰だと思うのですが、男性はカマトトが〝芸〟だということに、あまり気づきません。女同士だと「この人は本当のバカではない。バカのフリをしているだけだ」ということがすぐにわかっても、男は女とは違う視力を持っているのであり、

「本当に○○ちゃんって天然だよね〜」

などと相好を崩している。カマトト力で男性を引き寄せておいてパクッと呑《の》み込み、結婚してから本当の知力を存分に発揮して男性を支配下に置く、という女性も実に多いものです。

カマトトは、強い女性に対して腰が引けやすい日本の男性を相手にしなくてはならない日本の女性にとって、種の保存のために必要な技術なのでした。あまりにオーバーに

やりすぎるとさすがに気づかれてしまうので、相手のレベルに合わせて、バカっぽさのレベルも調節しなくてはならない。……というわけで決して、「頭からっぽ」ではできない芸当。

若い頃は、「バカなフリでモテるだなんて、恥を知れ恥を！」とイライラしていた私ですが、しかし最近になればわかります。あれは、生き残るために必要な男尊女子プレイだったのだ、と。

カマトトの歴史は案外古く、かの紫式部も、モテるため、と言うよりは生きるためにカマトトをしています。紫式部は、教養豊かな女性でした。子供の頃、弟は漢籍をろくに暗唱できないのに彼女はすらすらと読むことができたので、父親から、

「お前が男だったらなぁ」

的なことを言われた、と「紫式部日記」には自慢げに書いてあります。当時、漢字は男の文字、仮名は女の文字とされていたのです。

しかしその後、「男だって、学問をひけらかすような人は、たいてい出世しないものだ」といった話を聞いた、紫式部。結果、「一」という文字すらちゃんと書けないんです私、というフリをする大人になるのです。

もちろん、彼女は漢字が書けないわけではありません。しかし「書けます」という顔をするのは、いかにも自慢たらしく、女らしくない。だから並の男性よりずっと漢文の

知識があるのに、彼女は何も知らないフリをしたのです。

「紫式部日記」の中で彼女は、清少納言について「したり顔に賢こぶって漢字を書き散らしてるけど、よく見れば全然なっていない。ああいう人は絶対、将来ロクなことにならない」などと、さんざ悪口を書いていています。清少納言も紫式部と同様に漢文知識が豊富だったのですが、紫式部がその知識をひた隠しにするカマトトタイプだったのに対して、清少納言は、

「私、こーんなに知ってるの」

と無邪気に知識をひけらかすタイプで、それがまた一部の男性にはウケていた。だからこそ紫式部はイラついたのでしょう。

おそらく紫式部の方が、女としては正しい道を歩んでいたのです。イラつきのあまり書き残した激烈な悪口が千年後まで残ってしまったというのは誤算でしたが、清少納言の博識自慢は、紫式部にとっては許せない「出る杭《くい》」だった。その意味で清少納言は、日本で最初の反カマトト主義者でした。

紫式部の時代から、千年もの長きにわたって磨かれ続けてきたと言える、日本女性のカマトト芸。今も、紫式部のようなカマトト主義者と、清少納言的な反カマトト主義者は存在し続けております。

しかしここにきて、カマトト芸をとりまく環境が、変わってきました。女性と男性の

立ち位置の高低差が次第に無くなってきたことによって、男性側の「自分が常に上にいたい」という感覚にも、変化が見られるようになったのです。

紫式部は、自分の方が男性より漢文をよく知っているのはまずかろう、と思ったので「一」という字もろくに書けないフリをしました。そして私の青春時代の若い女の子達は、大学を出て総合職として就職しても、「いかにも頭いいって感じだとモテない、結婚できない」と察知して、「抜けてるところもたくさんあるの」というフリをした。

しかし今の若い男性達の中には、偏差値やキャリアや収入、はたまた身長が女性に凌駕されても、「プライドが」などと言い出さない人がいるのです。むしろ「頼り甲斐《がい》があって安心」「自立していてくれてありがたい」と、「女の方が上」という状態を歓迎している人も。彼等はきっと、アインシュタインレベルの頭脳を持つ女性に対しても、

「頭よくって格好いい〜」

と言うのではないか。

「上」にしておかなくても文句を言わない男性が登場したのはいいことだ、と思うのですが、よく見ると女性側の覚悟も変化しています。男性に対してバカのフリなどせず、「私が彼をひっぱっていきます」と思うことができる女性達が、登場しているのです。

対して我々世代には、千年間培われた「男の方が上」感覚がまだ、残っています。バカのフリに釈然としないものを感じながらも、心のどこかで「頼り甲斐のある男性」を

求めてしまうという矛盾を、抱えている。

千年続いた、カマトト芸。それが存続するか否か、今は曲がり角にきているのだと私は思います。男も女も、バカぶったり偉ぶったりせず、ありのままの状態でモテたりモテなかったりする世が、これからやってくるのでしょうか。「アインシュタインよりディアナ・アグロン」の歌詞の意味について、

「かつて日本には、こんな時代もあったのです」

と解説される時代が、いつか来るのかもしれません。

9　女性議員

二〇一六（平成二十八）年、七月。参議院選挙が無事に終わりました。十八歳から投票できるようになってから初めて行われた、今回の国政選挙。テレビでは各局、「制服姿の女子高生が投票する」といった映像を、頑張って映していたものでした。

私の見た限りにおいては、「制服姿の男子高校生が投票する」という映像が使用されることはほとんどなく、映されていたのは短いスカートの女子高生ばかり。女子高生投票者は、十八歳選挙権のアイコンであり、また選挙民の中のイロモノとして取り扱われたのです。

投票率が毎回低迷し、投票という行動が中高年のものとされている、昨今。だからこそ、投票する女子高生はイロモノとして扱われたわけですが、しかし制服姿の女子高生が投票する姿を昔の女性が見たらどう思うか、という感慨に包まれたことも事実です。

今回初めて投票したような女子高生は知らないかと思いますが、かつての日本では、女性に選挙権はありませんでした。ということはもちろん、被選挙権もなかったわけで、女性が投票したり立候補したりできるようになったのは、戦後のこと。戦争に負けて、アメリカから言われてやっと、日本の女性は政治的に「人間」として認められたのです。

それから、七十年余。

「もう七十年も経っているなら、ずっと昔のことね」

と、女子高生は思うかもしれません。が、昭和人である私は、「まだそれしか経ってないのかー」と思う者。それというのも、祖父母と接することによって、「戦争」が意外と身近にあったからなのでしょう。

母方の祖父は戦争に行きましたし、同居していた父方の祖母は、戦時中に庭の防空壕《ぼうくうごう》で生き埋めになったことがあると言っていました。そんな祖母には戦前、選挙権がなかったのかと思うと、

「初めて投票した時、どう思った？」

と聞いておきたかったものよ、と今さらながらに思うのです。

さらに、女性が選挙権を得た時期について「まだ最近」感を得るもう一つの理由として、私の世代は、子供の頃に「生きている市川房枝」をテレビで見ているから、というものもあるのでしょう。テレビ画像とはいえ、自分の記憶に残っている人が、女性の選挙権のために戦っていた人なのだと思うと、「最近のことなのね」という気持ちに。だからつい、女子高生が投票する姿を市川房枝が見たら……と、想像が広がるのです。

日本は、世界的に見ても女性議員の割合が少ない国として知られています。『日本の女性議員 どうすれば増えるのか』（三浦まり編著　朝日新聞出版）という本を読んで驚いたのは、日本において国会議員の女性比率はまだ高い方なのであり、市議会となると女性議員はもっと少なく、町村議会ではさらに減少し、「女性ゼロ」の議会の割合が三十四％もあるということなのです（二〇一五年六月時点）。

市町村議会は生活に直結しているのだから、女性議員が国政の場よりもたくさんいるのではないか、と私は思っていたのですが、それは大きな誤解でした。「夫をさしおいて妻が立候補」ということに、家族や親類から反対されたり、妻は外の地から嫁いできた「嫁」であり「余所者《よそもの》」だから地元を代表する用をなさない、とされたり。……と、むしろ国政選挙の方が、まだジェンダーフリーな場だったのです。

なぜ、女性議員は少ないのか。どうしたら、増えるのか。そのことについて本書は詳細に記しているのですが、読みながら思ったのは、女性が政治に関わった時に生じがちな、独特な空気感でした。

かなり前、知り合いの女性がとある選挙に立候補したことがあります。彼女は普通の会社員だったのですが、突如会社を辞めて、立候補。周囲の人はおおいにびっくりしたのですが、その時にまだ若かった私が抱いたのは、「彼女って、特殊な人だったんだ」という感想でした。政治から距離を置く世代である私の中には、「政治は、特殊な人がすること」という意識がありました。その時の「特殊」は、どちらかと言うと良い意味でなく、カルト宗教の信者に対して思う「特殊」さに近かった。

我々の世代は、宗教の話題と同じくらい、政治の話題を避けて生きてきました。安保反対運動などが盛んだった「政治の季節」のことは、知らない。その反動もあって、「政治っぽい人は、特殊な人」という感覚が生じた。……というより、遊びたい盛りの時期にバブル景気だったため、政治のことなど、どうでもよかったのです。

生活の中においては、男女が両方いる集団があったら、リーダーシップを取るのは何となく男性、という空気がありました。女子校時代に生徒会長などのリーダー的役割をしていた人も、大学で共学環境に入った途端にリーダー役は男子に譲り、生徒会長であった過去を、男子の前では隠すようになったのです。

生徒会長だったという政治的過去を男子の前で隠すという事実は、「政治っぽい女子は、モテない」と、彼女が判断したことを示します。「かつて人の上に立ちたいと願い、実際に立っていた」という女子の経歴は、男子にとっては「ということは理屈とかこねそうだし、俺を支配しそう」という感覚をもたらす可能性がある。つまりは「従属的ではない感じ」を男子に与えるかもしれず、それは自分の幸福に寄与しない、と思ったのです。

それは今の言葉で言うならば、「『意識高い系』だと思われたくなかった」、ということになるかもしれません。社会的な問題や自分の将来を真面目に考えたりしている人のことを、揶揄《やゆ》混じりに「意識高い系」と言う、今の若者。うまいこと言うなぁ、と私は思うわけで、自分が若者だったら、「意識高い系って言われないようにしなくちゃ」と、こそこそしていたと思われます。

最近も新聞の投書欄に、十一歳の女の子による「『優等生』と呼ばれたくない」という文が載っていました。彼女は人の役に立つことが好きなので学級委員に立候補したら、友達から揶揄気味に「優等生」と言われた、と。「どうすればいいの？」と問うと、「学級委員にならなければいい。ふつうになればいいんだよ」と言われたのだそう。

現代日本の小学生の間でも、その手の意識は依然、存在しているのです。「目立つな」というプレッシャーは、「皆の役に立ちたい」という少女を、おおいに躊躇させている。

私がもし、その少女と同じクラスにいたならば、やはり「優等生」と言ってしまったことでしょう。そんな私は、大人になってからも政治から距離を置く者なのです。このような文章を書いているということは、男女差別には敏感であり、男女共同参画や男女平等には大賛成なのですが、「ではあなたも政治的な活動をすることによって、世に男女平等を訴えればいいのでは？」と言われたならば、

「え……」

と、確実に尻込みをする。

それは、天性の面倒臭がりであり、かつ責任をどこまでも回避したいという私の性格の問題でもあります。が、同時に「政治って、男の人がすることでしょう」という男尊女子感覚が自分の中に存在するせいでもあるのです。

専門用語で言うならば、それは「ジェンダー・ステレオタイプ」となるわけですが、子供の頃から男の政治家ばかり見てきて、男達がドロドロと何かしているのが国会、というイメージを持っている。もちろん、生きている市川房枝さんのことは知っているし、土井たか子さんも森山真弓さんも扇千景《ちかげ》さんも知っている。蓮舫《れんほう》さんなど、同世代の女性達が、今は政治の場で頑張ってもいるのです。

しかし彼女達に対して、「あの人達は、特殊な人だから」という感覚を抱く自分も、いるのでした。そこにはもちろん、賞賛の意もこもっています。市川房枝さんや土井たか子さんの時代のように、「結婚もせずに政治に人生を捧げた」という方々にも敬意を感じますし、また今のように、「女性政治家だからこそ、結婚も出産もしていないと、特に女性向けの政策については語れなくなる」という空気が横溢《おういつ》した中で政治と家庭を両立させる方々にも「すごい!」と思っているのです。……がしかし、彼我の間には確実に一本の線が引かれている。

おそらく多くの女性が、私のような感覚を持っているのではないでしょうか。そしていざ政治の場となると、「政治的発言ができるのは、特別な人。私は決まったことに従います」といった男尊女子思想が頭をもたげる女性が多いことも、日本の女性議員が増えない一因となっているのではないか。

まだまだ男女の差が大きい日本という国の中で、女性が選挙に出て議員になるのは、大変なことです。今時珍しいほどの男社会の中で、セクハラを受けることも少なくないと、『日本の女性議員』の中にはありました。

そんな中で印象的だったのは、二〇一四（平成二十六）年の東京都議会において、塩村文夏《あやか》議員が女性の妊娠・出産支援に関する発言をしていたところ、男性議員から、

「早く結婚した方がいいんじゃないか」

「自分が産んでから」

といったヤジが飛んで、大きな騒ぎとなったことです。

その中で、「ヤジの後、なぜ塩村議員は笑ったのか」ということが話題になりました。実際、「早く結婚した方がいいんじゃないか」というヤジの後、塩村議員は「はぁっ」という感じで笑っている。笑ったりせず、あそこで堂々と言い返せばよかったではないか、といった批判も出ました。

確かに、政治の場で男女平等を目指す上での「正解」は、「早く結婚した方がいいんじゃないか」と言われた瞬間に発言を中止し、そちらの方を見て堂々と抗議する、という行為なのでしょう。しかし、政治の場では特殊な生き物とされる「女性」、それもま

だ若く経験が浅い身でそれができる人は、少ないのではないか。彼女の「はぁっ」という笑いには、悲しみや怒りや屈辱や情けなさといったものが、こもっている。

ではなぜ、そのようなマイナス感情の結果が「笑い」となったのでしょうか。抗議しないまでも、その瞬間に怒った顔をすることも、できたはず。

非人道的なヤジを言われた次の瞬間、咄嗟《とっさ》に出たのが「笑い」であったという事実が、日本の政治と女性の関わりを象徴的に示しているように私は思います。あの笑いは、ヤジに対して「呆《あき》れている」ということを示しもしましたが、同時に「ここで怒っては駄目だ」という自制も、はたらいたのではないか。

私も、何かひどいことを言われた時に、薄ら笑いで応えることがあります。後から「言い返せばよかった」と怒りがこみ上げてどうしようもなくなるのですが、その時はニヤニヤしている自分がいる。

なぜ笑ってしまうのかというと、「とりあえずその場をまるく収めたい」という、ある意味で女らしい感覚が働くから、なのです。ここでキレたら、どうせ後から「更年期なんじゃないか」とか言われるに決まっている。とりあえずスルーするために、「笑い」で自分と相手を誤魔化すのです。

塩村議員の場合はたまたま議会中だったので目立ちましたが、女性政治家はしょっちゅう、この手の笑いを浮かべざるを得ない機会に直面しているのだと思います。特に政治家という職業に就くような男性は、色々な意味で「顔」が大切なわけで、その「顔」を人前で潰すようなことをしては、後が怖い。とりあえず相手の「顔」を立てなくてはならないから、セクハラなどされて「やめてください」と言う時でも、笑いながら……ということになるのではないか。

繁華街で、明らかにうさんくさい客引きやスカウトに声をかけられている若い女性が、断りながらも、笑いながら歩をゆるめたり、場合によっては立ち止まって話したりしている姿をしばしば見かけます。断る時は愛嬌などふりまかずともよいのではないか、表情を変えずに断って足早に立ち去ればいいのに、と思うのですが、彼女達は、

「いやいや、いいですぅ〜」

と、ニコニコしている。

女の子は愛想が大切、いつも笑顔でいなさい、とか言われて育ったんだろうな……と思いつつ、ブッスリした顔で私は通り過ぎるのですが、そんな彼女達の笑顔もまた、塩村議員の笑顔と通じているのかも。男性から嫌なことをされた時でも、断りたい時でも、「とりあえず笑う」という刷り込みが、我々にはある。ニヤニヤとその場を誤魔化した結果、やってくるのは深い後悔であることはわかっていても、曖昧な笑いを浮かべずにはいられないのです。

しかし今の女性議員さん達は、さらに次の段階へと進んでいる気もします。薄ら笑い

で男性の「顔」を立てながら同時に相手を斬る、ということができる女性も、既にいるのです。

嫌な時もつい笑ってしまうのが日本人女性の特性であるなら、ニヤニヤしながら自己主張をするという手法が、これからは女性の武器となるのかもしれません。今は、カジュアルに政治に参画する若い世代も増えています。結婚せずに政治に人生を捧げた世代、男性議員のセクハラに泣いた世代を経て、新しい世代の女性達は、新しい手法を開発していくことでしょう。

10 レディ・ファースト

レディ・ファースト問題というものについては、いつも頭を悩まされます。洒落《しゃれ》たレストランにカップルで来ているお客さんを見ていると、日本人は九割がた、男が先をのしのしと歩き、女が後ろからちょこまかとついていく、というパターン。女性が遅れてしまっても、男性は我関せずでどんどん進み、先にコートを着たりしている。

傍《はた》から見ていると、その姿はどうにもみっともないのです。レストランの通路というのはいわばランウェイ的な役割を果たしてもいますが、そのランウェイを「俺の方が偉い。俺が金を払った」とアピールしながら、男性が歩いているように見えるのですから。

それはレストランだから、という事情もあるのかもしれません。料亭の廊下だったら、男性が先に歩く方が様になる場合も。しかしイタリアンやフレンチのレストランにおいて「男が先」は、やはり変なのです。

郷に入っては郷に……ということであれば、皆が音を立てずにスープを飲もうとする西洋料理のレストランにおいては、女性を先に立てて歩く方が変に見えない、ということなのでしょう。反対に、赤だしをズッとすすってもよい和食屋さんにおいては、男が先に歩いても、気にならないのではないか。

お酌に関しても同じです。小料理屋さんのカウンターで、女性が男性のお猪口《ちょこ》にちょっとお酌、というのは悪くありませんが、フレンチレストランで女性がワインを注《そそ》いで回っていたら、召使でも連れてきたかのように見えてしまう。

昨今は接待の場でも、女性社員がお酒を注いで回るのは、

「我が社の企業文化は遅れています、っていうのをアピールするみたいで、それはちょっとできないなぁ」

という会社が多い模様。「女性によるお酌サービス」という日本文化は消えつつあり、お酌という行為は専門職の女性に限られてくるのかもしれません。

今の日本において、男女どちらを「ファースト」にするかという問題は、正解の無い状態です。蕎麦屋で音をたてて蕎麦をすするのは「粋」だが、イタリアンレストランでパスタを同じようにすると「えっ」という感じになるという、時と場合によって和洋のマナーを使い分けなくてはならないのが日本だとしたら、男女の「ファースト」問題についても、時と場合を見極めた上での、微妙なさじ加減が必要なのでしょう。

海外でも、男性が先に立って歩き、女性が後からついていく、という日本人旅行者を見かけますが、やはり欧米だとそれが目立つものです。年配のご夫婦では、妻に荷物を

持たせたり、乗り物で自分は座って妻を立たせたりする男性すらいて、周囲からあからさまに仰天されていても、気づかない様子。

男が前を歩くという日本文化は、男が先に立つことによって、待ち受ける危険から女性を守る、という意味合いもあるのかもしれません。しかしその手の日本人男性は、単に自分が歩きたいように歩いているようにしか見えず、妻のペースを気にかけるという頭は無さそう。連れの女性がどんなに後ろに離れてしまっても気づかず、信号待ちでやっと女性が追いつくようなことも。治安の悪い国では、途中で妻がさらわれたとしても、夫はわからないのではないか。

レディ・ファーストが絶対的に正しい、というわけでもないのだと思います。欧米では、レディ・ファーストに疲れ果て、「なぜ常にレディをファーストにしなくてはならんのだ」と疑問を抱く男性もいる模様。

ただ、体力的にも体格的にも男性の方が女性よりも勝っていることを考えると、男が前を歩いていたら、両者の間がどんどん開くのは自明です。女性を前に立たせた方が、体力的に強い男性が女性を気遣うことができましょう。

そんなわけで、男が先に行くからといって、別に守られているわけではない、ということをよく知っている日本人女性は、たまにレディ・ファーストの男性に遭遇すると、新鮮な気分になるのです。椅子など引いてもらおうものなら、「この人、帰国子女?

もしくは詐欺師? はたまた奥さんがよっぽどしっかり教育しているとか?」という思いが去来する。

レディ・ファースト慣れしていない我々は、たまに「ファースト」にされても、その対応に戸惑うのでした。たとえば、エレベーター。商業ビルなどで、不特定多数の人がエレベーターに乗る時、いつの間にか女性はドア脇に立って、エレベーターガールの役割を果たしていることがしばしばあります。あの役を買って出るのはたいてい女性であり、男性は滅多にいない。そしてエレベーターガール役の人は、皆が降りるまで「開」ボタンを押し続けるのですが、

「ありがとう」

と言う男性も、滅多にいない。そして皆が降りたことを確認してから、彼女はドアに挟まりそうになりながら最後に降りる、と。

そんな中、ごく稀《まれ》にドアを押さえつつ先に降ろしてくれようとする男性がいたりすると、思わず惚《ほ》れそうになるもの。エレベーターを先に降りるか後に降りるかなど、ほんの二秒か三秒しか違わないことですが、その二秒をケチって我先に降りるおじさんと、二秒をエレベーターガール役の女性に捧げるおじさんとでは、同じおじさんでも人としての器も民度も異なって見えるものです。

誰に強制されているわけでもないのに、見ず知らずの人に対してもエレベーターガー

ル役を果たしてしまう日本女性の心理、それを気配りと言うのか男尊女子精神と言うのかは、よくわかりません。が、不文律としての「女はエレベーターガール」という感覚は厳然として存在しており、その不文律を無視する女性は、「気が利かない」と思われるのです。

封建時代から何百年もの間、日本には「女は基本、奴隷」という感覚があって、現代でも男を先にして後から女が、という癖が抜けない女性が多いのは、そのせいです。私自身、ついつい男性に「先」を譲る奴隷根性が身についている一人でもある。

ですから、

「お先にどうぞ」

などと言う男性がたまにいると、我々は一瞬、驚くのです。日本男性の九割が、とにかく「自分が先」というのしのし系だとしたら、残り一割はレディ・ファースト系であるわけですが、その割合が僅少であるが故に、上手に対応できない。のしのし系のおじさんは面倒だから先に行かせてしまえ、とのんびり構えていたのに「お先にどうぞ」と予想外のことを言われても、うまく身体が動きません。

我々の中には、「お先にどうぞ」を信じてもいいのか、という疑念もあります。お言葉に甘えて先に行ってしまったら、後から「生意気」とか「礼儀知らず」と思われるのではないか。ご本人は違ったとしても、周囲のおじさんがそう思うかもしれない。だと

したら……、といったことが瞬時に頭をかけ巡り、

「いえいえ」

と譲り合って他の人に迷惑がられるというのは、まさに奴隷根性というものでしょう。レディ・ファーストの感覚が強い欧米の国々においても、完全に男女平等というわけではありません。日本よりはましだとしても、女性が突破できない壁もあれば、ホモソーシャルな空気感が強かったりもする。そんな中で女性を表面的に先へ、前へと出しても男性が平気でいられるのは、「その程度で男の優位は揺らがない。と言うより、女性を大切にする男の方が、強い男に見える」と、彼等が思っているからなのでしょう。日本の男性の方が、女性に対する畏怖が強いからこそ、表面的に上・先・前におらずにはいられないのではないか。そして、男尊女卑精神が根っこの部分で本当に強いのは、実はレディ・ファーストの国々の男性のような気もするのでした。

我々は、日本男性の弱さを熟知しているからこそ、ジェントルマン・ファーストにしているのだと思います。女が上・先・前に立ったら男性がキャンキャン言うだろうし面倒だから、「先に歩きたいなら、先に歩けば?」となる。

特に皇室を見ていると、この「女性の側が、ジェントルマン・ファーストにしてあげている」という感覚を、強く覚えます。天皇家では、男性が必ず上で先で前、という原則で行動されています。「お上」がなさることを、妻は頭《こうべ》を垂れて待っているのです。

が、今の皇室の方々を見ていると、どうしても妻の方が夫よりも目立ちがちなのでした。だからこそ妻側が懸命に「夫の方が上です」という演出をしている、という印象を持たずにはいられない私。美智子様なり雅子様が上・先・前を夫に譲ってあげて、それを後ろで微笑み見守る……という視線は、弱者や子供を見守るそれに近い。

昭和天皇はどうだったのかと思い返してみると、香淳《こうじゅん》皇后のジェントルマン・ファーストはさらに徹底していました。天皇と皇后が歩く時、香淳皇后は美智子様などと比べるとさらに後ろに下がっていて、垂れる頭の角度も深く、その「私の方が下」アピールは、現在と比にならないほど強かったのです。

しかしそのアピールが強すぎるが故に、昭和天皇がより小さく弱く見えてしまうという、逆説的な結果がそこにありました。戦時中、天皇を神だと思っていた人達の感覚はわかりませんが、昭和末期の天皇しか知らない私などからすると、自分より弱い生き物である女を、それほどまでにへりくだらせないと自信や立場を保つことができない男性、という印象になってしまっていたのです。

美智子様や雅子様は、そのことを知っているのだと思います。国際的な感覚も持っておられるお二人は、日本の「ジェントルマン・ファースト」が、世界的な視点に立った時、いかに男を弱々しく、情けなく見せてしまうものであるかも、わかっていらっしゃる。だからこそ彼女達は、日本の皇室として守らなくてはならない最低限の男尊女卑システムを遵守しつつ、自分の夫が国際社会の目にみっともなく映らないよう、後ろへの下がり方も、頭の垂れ方も、少しずつ修正していったのではないか。

ジェントルマン・ファーストは、国際的に見れば異端。とはいえ日本では「そういうことになっている」のだし、その本家に嫁いだのだから、常に「下」でいることは運命であり宿命。……と自らに言い聞かせながら皇室に嫁いだ女性達は何十年も結婚生活を送り、その齟齬《そご》を噛み潰しているうちに、心身の調子を崩していったような気が……。

レディ・ファーストがいいのか、ジェントルマン・ファーストがいいのか。その正解は、無いのです。時と場合によって、どちらが先に立つべきかは、変わってくるのではないか。

ただ、どちらかを先に立たせると決めてしまった方が、ラクではあります。時と場合をいちいち判断して、先になったり後になったりするのは、ややこしくてかなわないことでしょう。

だからといって、どちらかが必ず上・先・前と決めてしまったら、歪《ゆが》みが生じるのもまた事実。特に日本のジェントルマン・ファーストの場合は、「男の方が偉い」という示威行為でもありますから、その恥ずかしげのない示威っぷりが、日本女性としてはいたたまれなかったりもする。

欧米のレディ・ファーストもまた、「男の方が強い」という示威行為であるわけですが、こちらは「女を守ることによって男の強さを示す」というまわりくどいやり方なので、我々は一瞬、騙されるのです。欧米の男性が日本人女性と交際すると、その「かしずき」にたいそういい気分になるそうですが、かしずかれていい気分になるということは、彼等の中にもジェントルマン・ファーストに憧れる人がいるということ。

中国もまた、社会主義の影響で男女平等感が浸透し、地域によっては女尊男卑状態ですらあったりします。そんな中国の男性も、日本人女性と交際すると、かしずかれていい気分になるのだそう。中国女性はうんと気が強く、意思も要求もどんどん口に出すし、時には手すら出すけれど、日本女性は黙ってニコニコ従ってくれる、と。

日本人女性は、日本人のみならずどの国の男性と交際しても、良く言えば従順で穏やかなところ、悪く言うなら奴隷っぽいところが好かれるようです。が、「ガイジンにモテる」理由がそのあたりで、いいのかどうか。

かつて、日本女性の「奴隷っぽさ」は、「婦徳」と言われて賞賛されました。男女平等が進む世界において、経済的には先進国かもしれないけれど、男女平等的には未開の地であるからこそ、婦徳は日本に今も残り続けるのであり、それが「強い女と付き合うのは疲れた」という世界津々浦々の男性達に喜ばれている。日本男性が育んだ日本女性の奴隷根性というオリエンタリズム満点の珍味は、グローバル化によって、世界中の男性に開放されたのです。

ガイジンにモテたことは全くありませんが、その奴隷っぽさはもちろん私の中にもあるものです。私の母も祖母もまた、その精神をしっかりと備えておりました。

その手の感覚が連綿と続くのは、男性のせいもあるでしょうが、女性の怠惰のせいもあるのでしょう。男性を、上・先・前に出しておいた方が、ラク。従っているフリさえしておけば、波風は立たないし、考えずに済む。……といった感覚が、奴隷根性の連鎖を生んでいるのではないか。「下」でいることには、「無責任」という快感がついてくるのです。

男女が並んで歩くのは、ラクな行為ではありません。互いがペースを合わせつつ、前をも見ていなくてはならないのです。怠惰な私としては、あえて一歩後ろに下がらずに、男性と並んで歩くことから、何かが始まるのかもしれないと思っております。

11 性

お嬢様育ちの友人がいます。お嬢様らしい素直な気質で何でもあけすけに話す彼女が、二十代の頃にポロッと漏らした話に、おおいに驚いたことがありました。

まだ〝お盛ん〟なお年頃だった我々。その時はシモ関係のお話で盛り上がっていたのですが、その時に彼女は、

「私はいつも、男性には自主的に◯ェラチオをする」

といった意のことを言ったのです。

その瞬間に、

「それはダメ〜っ！」

と、叫んだ私。

「そんなことを自分からしたら、相手に引かれまくるでしょう！」

と。彼女は、

「あらどうして？　皆、喜ぶわよ？」

と、キョトンとしています。

素直な性質だからこそ、「相手が喜ぶことをしてあげる」のだとは思います。が、こと性行為に関して言えば、それは完全にアウト。特に日本男児を相手にした時、自らの手練手管を相手から頼まれもしないのに積極的に披露したりしたら、相手の心には「この女、どんだけ……」という気持ちが広がる。その時は喜ばれるかもしれないけれど、肉体のみのお付き合いに終わる可能性が高すぎます。

お嬢様の彼女は、日本男児のそのような心理を知るべくもありませんでした。クリスチャン一族の中で、奉仕の精神をもって育ったからこそ、「相手が喜ぶことを、進んでしてさしあげるべき」という一心で、その手の行為をしていたことが、私にはよくわかる。

しかしそれによって、彼女は今までその手のおつきあいをした男性達に、お嬢様とは正反対の印象を持たれていたのでしょう。これは単に笑える話ではなく、彼女の人生を左右する深刻な問題なのではないか……。

そう感じた私は、なぜ自主的にその手の行為をしてはいけないのかを、懇々と彼女に説きました。日本男児は、「自分が女性に教えてやって性に開花させる」というストーリーは好きだが、最初から開花している女性を我がものにしたいとは思えない気質。だから、結婚につながる交際をしたいのであれば、その手の行為を自分からしてはいけない、と。

「そうなの！　ぜんぜん知らなかったわ。てことは私、今までの男性全てに、内心『この女、どんだけ……』って思われてたわけ？　キャーッ、どうしてもっと早く教えてくれないの!!」

と、彼女。

「そう言われても、まさかあなたがそんなことしているだなんて思わなかった！」

と私は言いつつも、確かにもっと早く教えたかったものよ、と思っていたのです。

そんなことがあった後のこと。その頃に四十代だった年上の友人から、

「今までした全ての男性に対して、私は『◯ェラチオをするのは今日が初めて』という態度をとり続けてきた」

という話を聞いて、私は再び驚愕したのです。閨房《けいぼう》において、相手からその手のことを要求されたら、「したことがないから」と、まずは躊躇。何度も乞われたら、しょうがなく……という感じで、おずおずするのだ、と。

「最初は稚拙に。次回以降、だんだん上達していくようにすると、皆『俺が育てたんだ』みたいな感じで、とっても喜ばれるわよ」

ということなのだそうで、四十代になってもその方式を取り続けているのだとか。

彼女は、特別な美人ではないのにやたらとモテるという、魔性系の女性。ムンムンのお色気で相手を悩殺するのでなく、性の世界での心理戦を制していた模様です。

しかし、四十代になって「初めて」というのは、あまりにも嘘っぽいのではないか。

「さすがに相手にバレるのでは？」

と問うたところ、

「絶対に、バレない。皆、『そうなのか、初めてなのか』って、ホクホク顔をするわね」

と強調します。

四十代にもなって、さすがに処女のフリはできない。けれど、別の部分で「初めて」ということにしておいてあげると、殿方は一種の征服欲を満たすことができるのだ、と彼女はさらに教えてくれました。これぞ、年の功……。

二人の事例に触れて、私はしみじみと、砂糖細工のように繊細な日本男児の性欲と、その扱いのやっかいさに思いを馳せたことでした。昔、女性には性的欲求など無いと思われていた時代もあったものの、女性にも欲求があることは、次第に自明のことに。しかしそれでも、女性が欲求を自分から解放している姿を見せると男性に引かれてしまうので、女性達は性欲が無いフリ、性的に開発されていないフリを続け、「あなたに征服された私」という男尊女子ぶりをアピールしなくてはならないのです。日本の素人女性達は長きにわたって、「私に性欲があったわけではない。私の性欲はあなたによって開発されたのだ」というフリをし続けてきました。

日本のＡＶと海外のＡＶを見ると、その差は歴然です。海外のＡＶは、はちきれんばかりの肉体を誇示するかのようにして、自ら積極的に色気をアピールしてセックスに臨む女性が描かれがち。セックスをエンジョイしていることを示すため、行為中に笑ったりもしています。興奮のあまり、歯をむき出して怒り顔になっていたりして、男と女の果たし合いのような様相を呈すことも。

対して日本のAVでは、女優が行為中、常に悲しそうな、つらそうな顔をしています。性交中の笑顔や怒り顔は、日本の視聴者には絶対にウケない。日本のAV女優達は、表情で被征服感を出さなくてはなりません。

当然、女優が「どうだ!」とばかりに色気をアピールするのも、好まれない模様。最初は抵抗していた女性が、次第に自らの肉体の反応に抗《あらが》いきれなくなって最後は相手に屈する、といったストーリーが必要のようです。

海外ものに比べるとそのストーリーは湿り気たっぷりで、性の世界も「陰翳礼讃《いんえいらいさん》」。男女ががっぷり四つに組むのでなく、あくまで女性が受け身のテイなのです。

とはいえここしばらくは、痴女や熟女といった性的にアグレッシブな女性が日本AV界でも流行っているではないか、という話もありましょう。女性の性欲を受け止められるだけの度量が日本男児にもできてきたのではないか、と。

しかし、海外のAVでおっぱいをプリプリとアピールしている肉食獣のような女優と、日本のAVの痴女・熟女とでは、その存在意義が異なるような気がするのです。日本では従来、「自分より弱く、性的にも未熟な女を俺が意のままに操る」と思うことによって、男性はその繊細な性欲をかき立ててきました。日本女性も彼等の気持ちを把握していたので、二、三十年前くらいの女性誌にはよく、

「あなたはイったフリをしたことがある？

Ｙｅｓ……八十％」

みたいな記事があったものです。つまり女性側は、それほど気持ち良くなくても、「イったフリ」をしてあげることが男性の達成感や自信につながることを知っていたので、彼等に協力していたのです。

しかし時代は変化して、女性は次第に強くなり、男性は優しくなっていきました。セックスの面においても、女性はやる気まんまんですが、その「まんまん」な感じにあてられて男性は引いていき、セックスレスが話題になるように。

そんな時の救世主が、ＡＶ業界における痴女・熟女でした。セックスレス時代の男性達は、「女性から断られたら立ち直れない」とか「面倒臭い」といった理由からセックスに消極的なわけですが、痴女・熟女はお母さんのように男性達を受けとめてくれます。痴女は性的にリードしてくれるので、男性がイニシアティブをとらなくても、身を任せていればいい。熟女は包容力抜群で、男性のセックスが稚拙だろうと肉体が貧弱だろうと「そのままでいいのよ」と優しく包み込み、お母さんが赤ちゃんのオムツを替えるか

のように面倒を見てくれる。

……というように、痴女・熟女とは、男性が全てを女性に委ね、子供に返る気分を味わいつつ性欲も充足させることができる相手。そのあたりが、自身の性欲を堂々とアピールしながら男性とガチンコ勝負をしているかのような海外ＡＶ女優とおおいに異なるところです。

ＡＶの痴女・熟女に惹かれる男性達の気持ちもわかるのですが、そうなると困るのは、一般女性です。なにせ一般人ですから、ＡＶの痴女・熟女のような真似《まね》はできない。というより、日本男児に対して素人女性が性的にアグレッシブな態度を示すのは、前述のように大変危険なプレイ。かといって普通にしていたら、「面倒臭い」と思われて、いつまでもセックスなどできない。……と、今や日本女性のやり場の無い性欲が、どれほど無駄になっていることとか。

日本ではずっと少子化が問題になっていますが、セックスレスということも、かなり大きな原因なのではないかと私は思います。主婦の友人と話していると、夫とセックスをしている人などまずいない。

「出産以来、何も通過していない」

といった話が珍しくありません。

若者達の話を聞いても、

「男の子が部屋に泊まりに来ても、特に何もない」

「男友達に旅行に誘われたので、いよいよかと期待して行ったら、一緒の部屋に泊まったのに朝まで熟睡しただけだった」

といった話が頻出。

欧米では、カップルとセックスは切り離せない関係にあるらしく、「セックスがなくなったら、離婚する」という感覚なのだそう。きっと女性も男性も、「したい」という気持ちは素直に相手に伝えているのでしょう。

対して日本の夫婦関係において、女性が性欲を相手に伝えるのは禁じ手のようです。女性誌のセックスレス特集の体験談でよくあるのは、女性から迫っていくと、

「疲れてるんだ、勘弁してくれよ」

と拒否されるというもの。中には、

「どうしてそんなにしたいんだ、おかしいいんじゃないのか」

などと淫乱扱いされる場合も。

男性から求められた時に女性が拒否したことによってセックスレスに、というパターンも多いのですが、それは男性の中に「女性はいつも応じて当然」という気持ちがあるが故に、拒否されると心が傷ついてしまうからでしょう。

日本の素人女性にとって、「多情」は罪。相手の性欲が湧いた時にのみ、嫌な顔をせ

ず相手をするのが、正しい性欲です。女性誌のセックスレス特集では、対処法として「二人で旅行に行き、場所を変えてみる」「マッサージなどのボディタッチから」「セクシーな下着にトライ」「時には目隠しをしてみては?」といった提案がなされていますが、寡聞にしてそれらの対処法でセックスレスが解消されたという話を、私は知らない。相手が突然セクシーな下着を着ていたり、突然目隠しされたりする方が、男性はドン引きするというものでしょう。

日本女性はかつて、「あまりにも無口だ」と言われていました。子供の時は父に、結婚したら夫に、老いては子供に従えという「三従」が女性にとって重要とされていたわけで、自分の意見を持つことも口に出すことも、よしとされなかった。

しかし明治維新だの敗戦だので世の中は変わり、女性も「自分の意見をしっかり持ち、積極的に発言する」ことが求められるように。モジモジ、イジイジしているよりも、嫌なことは嫌と言い、したいことは積極的にする女性が賞賛されるようになったのです。

ところがそんな二十一世紀になっても、こと性の場面においてだけは、女性が自分の意思をはっきり表明することは歓迎されませんでした。学校でも会社でも、自分の意見をはっきり言うと評価が上がったのに、閨房で性欲をはっきり表明すると、評価はガタ落ち。素直に性欲を出したい人は、痴女キャラか熟女キャラを引き受けなくてはならないのです。

女性誌でも、セックス特集の中にセックスレスについてのページがあるのは、今や当たり前になりました。同時に、二十一世紀に入る頃から増えてきたのは、「ひとりH」についてのページ。

セックスとは違う、ひとりHでしか得られない快感がある、とその手のページには記され、ひとりHの様々な手法や〝オカズ〟が提供されています。が、背景を考えるならば、それは「セックスもするし、ひとりHもする」人のためのものではなく、「セックス不足だから、せめてひとりHを」という読者のためのページでしかありません。

同じ頃から女性誌で増えてきたのは、「妄想」のすすめです。ジャニーズアイドルやイケメン俳優といった芸能人から、宅配便のお兄さんや消防士といった肉体系、書店員や花屋さんといった文化系の「働く男」まで。様々な男性と自分が、あんなシチュエーションでこんなことをして……という妄想を楽しみましょう、といったページが、女性誌にしばしば見られるように。

若い女性向け雑誌のみならず、「婦人公論」のような雑誌でも、読者の「秘密の妄想ストーリー」が載っていました。福山雅治と「朝から晩まで何度も激しく愛し合う彼と私。果ててまた、お互い高まり合って……」という妄想をしょっちゅうすることによって「生きる原動力にしています！」という、五十六歳の主婦。ルーク・エヴァンスとチークダンスを踊って「家に帰ってベッドイン」と妄想する、五十三歳の主婦……と、中高年もまた妄想力はたくましい。

日本女性は、もはや現実のセックスを求めることを諦めたのです。世に、セックスに不自由していない女性もいるらしい。しかしAVの痴女や熟女のようになることは自分には無理、と思った一般女性達は、妄想の中でのみ、自分の性欲を解放することになりました。

かたや男性達はと見れば、ネットの中や風俗において、性欲を放出しています。一般男女同士のセックスは、もはや非常に貴重なものなのです。

封建的社会の中で、男性は女性から意見を言われることもたてつかれることもなく、甘やかされて生きてきました。中でも最も甘やかされていたのが、彼等の性欲だったのでしょう。日本男児の性欲こそ、女性から大切に「立て」られないと雲散霧消してしまう、フラジャイル。女性が解放された後も、彼等の性欲の繊細さはそのままなのです。

過去、長きにわたって女性が自身の性欲を無いものとし、男性がしたい時はいつも応じてあげ、感じたフリ、イったフリをし続けてきたツケが今、セックスレスという形になってあらわれている日本。しかしネットや風俗という手軽なはけ口がある以上、素人女性の性欲に応えるという気持ちはもう、男性にはなかろう。このままセックスレスは続き、日本人は減少の一途をたどるのだと、私は確信しております。

12 かわいい

日本女性に対する、最高の褒め言葉。それは「きれい」でも「色っぽい」でもなく、「かわいい」です。「きれい」も「色っぽい」も、はたまた「清楚」も「いい人」もよかろう。しかし女性達は「かわいい」と言われた時に最も大きな喜びを感じ、男性もまたとってきの女性に対して、「かわいい」を使う。

なぜ「かわいい」は「きれい」や「色っぽい」、はたまた他の賞賛ワードを凌駕するのかといえば、日本が幼形愛好の国であるからと思われます。なぜかは知らねど、古《いにしえ》より成熟したものに比べ未熟なものが愛されるからこそ、「かわいい」には価値がある。

前章はセックスの問題を考えてみましたが、大人の女性が熟れ熟れの肉体を誇示するようなAVがいまひとつ日本でウケないのも、やはり幼形愛好傾向のせい。自身のお色気に自覚的な大人の女性でなく、無垢っぽいかわいい女の子が実は巨乳で実はエロい、といったものが好まれるようです。

日本人の幼形愛好傾向は今や世界に知られるものとなりました。そこから派生したアニメやキャラクタービジネスは、今や日本の大切な産業の一つとなってもいます。そして「かわいい」という言葉も、世界共通語に。

そういえば私が以前、イギリスを旅行している時、買い物をしながら思わず、

「これかわいい〜」

と漏らしたところ、現地の人が、

「オオ！」

と感動もしくは驚愕の面持ちでこちらを見ていましたっけ。おそらくは、「日本人が本当に『かわいい』って言ってるよ！」と思ったのでしょう。

かわいい女性は、モテます。かわいい女性は、男性達の庇護欲求をかきたてるからこそ、きれいな女性よりも色っぽい女性よりも、モテるのです。「かわいい」とされるには、まず容貌がかわいいことが大切なのはもちろんですが、外見がさほどかわいくなくても大丈夫。日本語には「かわいげ」という言葉があるのであり、ふとした表情、態度などに滲み出るかわいさを男性は律儀にキャッチして、「キュン死」してくれる場合があります。

このようにかわいさは、女性にとって化学調味料のような役割を果たしてくれるのでした。どのような素材であっても、「かわいい」という調味料を一振りすれば、あっと

いう間に万人好みの味に。

しかし、自信が無い人はその調味料をつい多めに使用してしまう場合があって、その手の女性は昔から「カマトト」「ぶりっ子」などと言われてきました。化学調味料であるだけに、振りすぎてしまうと下品な味になってしまい、「化学調味料たっぷり」とバレてしまうのです。

昭和時代、ぶりっ子が跋扈《ばっこ》したことにより、さすがに過度に人工的な味を見抜くようになった男性達。その後は、

「でも、あの子は天然だよね～」

と、天然もののかわいさを愛でるようになりました。

しかし男性が進化すれば、女性もまた進化するもの。女性達は、かわいさアピールを天然風味に仕上げるテクニックを、編み出しました。男性と女性のイタチごっことなったわけですが、とはいえそのあたりについては、女性の側に一日の長がある。まるで回転寿司の人工イクラにコロッと騙されるように、男性達は、

「あの子って天然だよな！」

と「人工かわいい」にほだされるように。

「かわいい」という調味料の効果が絶大であるが故に、それが人工であるか、天然であるかの騙し合いは、この先も永遠に続くものと思われます。思い起こせば私も若い頃

は、

「あの子は単なるぶりっ子なのに、どうして男の子は気づかないのだ！」

と、いちいちプリプリしていました。「ああいう女がいるから、女は本当に素のままで生きられないのだ」と。


かわいいと思われたいがためにドジっ子のフリをしたり、知っていることも知らないフリをしたりと、つまりは「私はあなたより卑小な人間なの」と男子の前でアピールする女の子達が、若い頃はたくさんいました。彼女達を見ての、「なぜそのようにバカアピールをしなくてはならんのだ」というイラつきは、いわば男尊女子に対するイラつきだったのでしょう。


イラつきのあまり、「私は素のままの自分で勝負！」などと、男の子の前でも思ったままを口にして、笑いたくない時は徹底して無表情でいたら、これが見事にモテない。もしも当時、「アナと雪の女王」がヒットして、

「ありの～ままで～」

という歌が世に溢《あふ》れたとしたら、私は、

「ありのままなどで生きていたら、つがいなど成立不可能ではないか！」

と、キレていたのではないか。


しかし「ありのまま」ではあまりに異性ウケしない、という焦りのあまり、ためしに

「かわいい」という化学調味料を使用してみたら、これが意外なほどに効くではありませんか。

何かを知らないフリをしてみたりすると、

「ばっかだなぁ」

などと微笑まれたりする！

化学調味料によって得た異性からの評価に、自分が思いのほか舞い上がっていることにも、私は驚きました。自分が異性から「かわいい」と思われて「ばっかだなぁ」と言われたりするのは、「バカにされる」とか「本当にバカ」なのとは違い、何やら無性に嬉しい（ただしこの感覚は、関東圏だけかも。「バカ」という言葉がきつく響くという関西圏の方は、「アホやなぁ」と言われることにグッとくるのか）。

その「かわいい」はあくまで演出であり嘘であることは自分が一番よく知っているのだけれど、異性から「かわいい」と評価されたことによって、それが天然「かわいい」であるかのような錯覚に陥ることができる。それは麻薬がもたらすかのような快感であり、「中毒になるの、わかるわ……」と、実感したものです。

そのような経験から、私は「カマトト」「ぶりっ子」は一種の中毒患者であると同時に、極めて合理的な思想を持つ人々であることを知りました。恋愛市場で勝利を得るためには、「かわいさ」という武器が最も役に立つのであり、ぶりっ子達からしたら、私のように丸腰でプリプリ怒っているような人は、戦わずして負けている弱者にしか見えなかったことでしょう。

若い頃にぶりっ子だった人は、恋愛市場を勝ち抜いて、それぞれ素敵な結婚をしました。勝利を手中にしたのだから、もはや「かわいい」という化学調味料は手放したと思いきや、しかし彼女達は今も調味料の瓶を捨てていないのです。ま、あれだけの快感を得られるのだから無理もない……とも思うのですが、そこには時代の変化の影響もあるような気もします。

我々バブル世代は、「かわいい」中毒になったせいで、いつまでも若さやかわいさ、それに付随する「モテ」に恋々としています。その結果として自分で自分の首を絞め、延々とぶりっ子をしていなくてはならなくなったのです。加齢により容貌は衰えていくわけで、「昔より多量の調味料を振らなくては」と焦る元ぶりっ子達からは、かわいげと言うよりはエグ味が滲み出るように。その姿は中毒患者のなれの果て、というものなのかもしれません。

しかし我々のゴールは、まだ先にあります。日本女性は、「かわいいおばあさん」になることができるか否かで、老後の幸福が左右されるのです。かわいいおばあさんになることができれば、周囲の人に優しくしてもらえるのであり、我々は死ぬまで「かわいくあらねばならぬ」というプレッシャーと闘い続けるのでしょう。

我々がなぜこれほどまでに「かわいい」に執着するかといえば、「かわいい」にはもれなく「愛され」がついてくるからです。というより両者はほぼ同義語と言ってもいいでしょう。

「草食男子」という言葉が登場した頃から、女性誌には「モテ」「愛され」というワードが頻出するようになりました。男性がガツガツしていた我々の時代と比べると、今の恋愛市場における競争は激化。モテるため、愛されるためのテクニックは、先鋭化しています。

日本では、AV女優だけでなく素人女性も、女が自分から好意や色気をアピールすると、その分男性は引いていくことを熟知しています。だからこそかわいさを提示することによって、できる限り男性が手を出しやすくしてあげる。「私は受動的です」というアピールこそが、日本男児に対しては最大の能動的行為になるのです。

かわいさを磨くことは女性にとって最大の攻撃であり、男性から欲望をていねいに導き出すことが、女性にとっては「愛する」という行為。かわいい女性こそが、最も攻撃性の高い女性だと言ってもいいでしょう。

もちろん、そんな事情など男性は一生知らずに死んでいってもいいわけで、かわいい女性＝男性に庇護される女性、と思っていただいて何の問題もありません。が、最近の「かわいい女」市場においては、異変もおきているようなのです。

それに気づいたのは、とある書店で『可愛いままで年収1000万円』という本を見た時でした。私はその本のタイトル、そして「ゆるふわキャリアで仕事もプライベートもうまくいく♡」という帯の文章を見て、

「こ、これは……」

と、激しい衝撃を受けたのです。帯に写真が載っている著者は確かにゆるふわタイプの女性で、続編として『可愛いままでこう働く』という本も出した模様。

なぜ私はその本のタイトルに衝撃を受けたのかといえば、これまでの日本において「かわいい」と「高収入」は結びつかないものとされていたから。お金持ちでかわいい女性はたくさんいますが、彼女達はえてして高収入の夫と結婚しており、自分で高収入を得ているわけではなかった。高収入の夫を得るために、彼女達は「かわいい」を磨いていたのです。

対して、自分で高収入を得ることができる女性達は、「かわいい」とは縁遠い印象でした。高収入を得るには、受動性より能動性、未熟より成熟、バカのフリより利巧のフリの方が必要なのですから。

しかしこの本の著者は、どうやら「かわいい」と「高収入」の両立に、成功したようなのです。タイトルに衝撃を受けすぎて中身のことはよく知らないのですが、著者はかわいいのですからモテてもいるはずでしょう。今まで、高収入女性は今ひとつモテない、

モテたとしても極めて低収入の男性からしか……という印象がありましたが、高キャリアでありながら男性に威圧感を与えずにいられる女性が、どうやら日本には誕生した模様。

女性誌を見ても、「かわいい」「愛され」「モテ」といった言葉が表紙に乱舞しているのは、「高収入の男性と早く結婚して、かわいいママになってかわいいおばあちゃんになりたい」という読者を持つ、非キャリア志向の雑誌。「かわいい」と「キャリア」のどちらかを手に入れたら、どちらかは捨てなくてはならないのです。

もちろん今も、高キャリア高収入、その上既婚子持ち、という「全てを持つ女」は存在するのであり、少なくとも一度はモテたからこそ、彼女達は夫子供を手に入れたのです。しかし彼女達は二十四時間、仕事か家族かに目配りをし続けているので、キリキリしているかボロボロになっているかのどちらかであることが多く、やはり「かわいい」「ゆるふわ」ではないのでした。

僅かに存在する、高キャリアでかわいい女性も、よく見てみると仕事の能力がそれほどでもなかったり、また愛人の後ろ盾によって謎のカタカナ企業の社長を任されているだけだったりと、「なんちゃってキャリア」である場合がしばしば。仕事というのはまだ男性の論理で動いているので、女性性が高いままで仕事をすることは、なかなか困難であることがわかります。

しかしこれからは、かわいいだけで仕事ができないとか、仕事はできるがかわいげゼロ、といった女性は古臭い存在になっていくのかもしれません。設備や制度が整えば、未婚であっても既婚であっても、女性がかわいいままで働きやすくなることでしょう。そして仕事の場に女性の論理がもっと入り込むようになれば、さらに「かわいい」を職場に持ち込むことは容易になる。

そして最近の「かわいい」は、昔の「かわいい」とは少し意味が違ってきているようにも思うのです。私の青春時代、「かわいい」はただ「モテる」ためだけに振りかける調味料でしたが、今の女性達はもっと様々な意味において「かわいい」を欲しています。「かわいい」が「ＫＡＷＡＩＩ」として世界で認知されるようになってきてから、つまり「かわいい」で稼ぐことができるようになってから、それは単に、自らを卑小なものに見せるための形容詞ではなくなってきたのではないでしょうか。

「かわいい」ことによって、人としての強さ、媚《こ》びない姿勢、突き抜け感、知性……までアピールすることができる、今の若者達。彼女達を見ていると、自己を偽ることによって見せるかわいさでなく、自己を正直に出すことで見えてくるかわいさもあるのだなぁ、と思えてきます。さらに「かわいい」は女性だけのものでなく、男性もまたかわいくあってよいのだ、と。

最近は人工的にかわいいおばあちゃんもたくさんいますが、本物の天然系かわいいおばあちゃんを見ていると、「人間って、そもそもかわいいものなのかも」という気がしてくる私。女も男も、かわいいままで色々なことをしてほしいものよと、思います。

13 気が強い

「気が強い」ということが女性にとってはかなりのマイナス要素である、ということを知ったのは、大学に入った時でした。男子達が、

「あいつ、すっげぇ気が強いよな」

などとある女友達のことを言っているのを耳にし、その響きから「これは決して褒めているのではないらしい」ということに気づいたのです。

それまで女ばかりの環境にいたので、「気が強い」ということは女性にとって、いわゆる「デフォルト」の性質かと思っていた私。女ばかりの場では皆生き生きと、自分を主張していました。長いものに巻かれる方がラクだから自己主張をしないという人はいましたが、イザという時まで「私はどうでもいい……」みたいな人は、一人としていなかったのです。

当然、私も気は強い。口数は多くない方なので「おとなしい人」と思われがちですが、それは口を開けば舌禍事件ばかり起こしてしまうせい。自戒して思ったことをそのまま

口にしないようにしたら無口になっていただけなのです。口は開かなくとも、腹の中で「気」はたぎっているぜ……。

しかしそんな「気」をそのまま出すと、異性にはあまり喜ばれないらしいのです。彼等は炎のように燃えさかる女の「気」で火傷《やけど》がしたいわけではなく、熾火《おきび》のようなほのぼのとした「気」で、ほっこり温まりたいようでした。

「気」とか「我」が強い女性は忌避され、ふんわり、おっとり、やわらかな女性は好まれる。その傾向に気づいた私は、なにせモテたい盛りだったので、自らの気の強さがなるべく外に漏れないように、努力しました。女性が強くていいのは、「気」とか「我」ではなく、せいぜい「芯」。全てがグズグズに柔らかいような女性は「サセ子」などと呼ばれがちでしたが、ふんわり、おっとりの甘くてやわらかい外皮を剝いでいったら、中には案外硬い芯がありました……くらいの感覚が、理想的とされていたのです。

面白くないことしか言えない男子に対して、腹の中では「バカじゃねぇの」と思っていても「アハハ」とか笑ってみたりしたその頃の私は、まさに男尊女子だったのでしょう。巧妙に気の強さがバレないようにして、それが功を奏したりすると「してやったり」感は湧き上がるのですが、同時に納得できない気持ちもあったのです。

「あいつ、すっげぇ気が強いよな」

と言われている女子はと見てみれば、「モテたいから気の強さを隠す」などというゲスな欲望を持たない、根っから素直な人。だというのに「気が強い」と揶揄されねばならぬとは……、と。

この世のどこかには、「気が弱い女子」という生き物も実在しているのかもしれないと思い、私は女友達に聞いてまわったことがあります。すなわち、

「あなたの知り合いに、『気が弱い女性』はいるか？」

と。

我が友人達は、

「うーん……」

としばらく考えた後、口を揃《そろ》えて言いました。

「全員、気が強い！」

「そんな人は一人もいない」

と。やはり女とは、女であるというだけで、気が強いものなのです。ま、広い日本に数人くらいは気が弱い女も生存しているかもしれないのですが、あいにく私の生活圏内で発見することはできなかった。

「優しい」とか「善人」といった条件は、気の強さとは反対のものかと思われるかもしれません。が、彼女達もまた「優しくて気が強い」とか、「気が強い善人」。

「気が弱い女って……、それは単に頭が悪い女ってことなんじゃないの？」

と、ある友人は吐き捨てるように言いましたっけ。

気が強い女子のことを揶揄する男子達は、そのような事実を知らなかったのです。彼等は、モテたいが為に気が強くないフリをしている女子達の〝ふにゃふにゃ作戦〟にまんまとひっかかり、

「やっぱこういう子がいいよね～」

と、交際していました。

当時の独身男子というのは、このように「女は全員、気が強い」ということを知らずに青春時代を過ごすことができた、最後の世代だったのかもしれません。当時の女子は、結婚に持ち込むまではクソ意地を出してふにゃふにゃ作戦を続けたものですが、結婚後は次第に素地が出てきます。彼等は結婚後にやっと、「女はそもそも、全員気が強いのだ」と体感することとなったのです。

中には気が強い妻に辟易《へきえき》し、日本のどこかにいるはずの「気が強くない女性」を求めて離婚した男性もいました。が、彼が出会うのはいつも、気が強くないフリをしている気が強い女。「今度こそは本物の気が弱い女性に違いない」と思って付き合っては別れ、付き合っては別れと繰り返すうちに、彼は五十代となった今も独身でいる……。

自分が欲するものを自覚している。はっきりとした物言いをする。……といった性質が「気が強い女」の特徴かと思われます。すなわち気が強い女というのは、「自分」を

強く持ち、自己主張をする女。

しかし考えてみますと、「気が強い」という形容は、ほとんど女性にしか使用されないのです。男性は、

「あいつ、すっげぇ気が強いよな」

とは揶揄されない。男性が紹介される時に、

「彼はこう見えて気が強いんです」

とも言われない。

「気が強い」はなぜ女性に対してのみ使用されるのかと言ったら、自分を強く持って自己主張をするのは、男性だけが持つ資質とされていたからなのでしょう。対して女性は、男性に合わせるのが役目で、自分の欲求や希望を表に出すことがかつてはタブーだったから、欲求に素直な人は「気が強い」と言われたのではないか。

もちろんそれは、過去の感覚です。女性が自己主張する権利すらなかったのは戦前の話で、敗戦後は女性にも人権というものが与えられた。そして「気が強いと、モテないらしい」と初めて私が気づいた時からも、既に四半世紀が経過しているのです。

その間、男性であろうと女性であろうと、自分の意見をはっきり持って主張できる人がよしとされる風潮は、ずいぶん強くなってきました。男だからといって当然のように気が強いわけではなくなり、むしろ「男より女の方が、よっぽど気が強い」という認識

も、広まった。

しかし、女性が「気が強くないフリ」をした方がいい場は、今も残されています。既に男女交際の場では、「女は気が強くて当たり前」という認識が広まりましたが、職場においては未《いま》だ、〝気が強い女アレルギー〟があるのではないか。

私の世代ですと、職場において責任ある立場になっている女性も少なくありません。彼女達がいつも腐心しているのは、いかにして「気が強くない感じ」を演出するか、ということ。大企業で部長職につく知人は、

「少し何か強く言うと、女だからということで『キーキー言ってる』とか『情緒が不安定』とか言われがちだけど、こちとらもう生理なんかないから情緒も安定してるっつーの。でも女は、男よりもずっと優しい物言いをしないといけないのよ」

と言っていました。そして、

「男の部下達が『女の上司かー』って思っていると思うと、気を遣うったらないわよ。中には自分より年上の男の部下もいるしね。だからもう、社内では年上だろうと年下だろうと、男だろうと女だろうと、全員に対して敬語。そして、オールウェイズ・スマイル！　ま、その敬語がかえって怖いっていう話もあるんだけど」

ということなのだそう。

ここのところ、民進党（現・立憲民主党）の代表に蓮舫さんが、そして都知事に小池

百合子さんが……と、男性達のトップに女性が立つ、ということが相次ぎました。期待する声も多い中で、

「あの肩肘張っているような物言い、好きになれない」

「どうしてもっと柔らかな対応ができないのか」

と、ネットなどではさんざん叩かれてもいました。女が気の強さを押し出すと、やはり評判が悪いのです。

昔から、保守系の女性議員は女っぽさを強めに押し出し、革新系の党の女性議員は中性的、という傾向はあるものです。なにせ保守ですので、「女は結婚して子を産んでなんぼ、男性をサポートするのが本来の姿」であるが故に、姿形も女性らしくなるのでしょう。

対して革新系は、いつも保守勢力に対抗していなくてはなりませんから、市川房枝～土井たか子～辻元清美ラインの、揺れも巻きもしない髪型で、気が強い感じを躊躇なく出す女性議員が多い。

小池百合子さんは自民党の方ではありますが、党といろいろとモメたりもしているところもあって、女を出しつつ気が強いところも出しておられる。非婚子ナシで揺れない髪型というところは革新系っぽいのですが、何かの汁がしたたる感じの容姿は、自民党っぽいと言えましょう。

蓮舫さんは既婚子アリではありますが、あの髪型、そしてはきはきした話し方は、いかにも革新系女性議員、という感じ。私などは、堂々と「気が強いです！」ということを表明する様子に清々《すがすが》しさを感じるのですが、

「どうしてああキャンキャン吠えるかね」

「もっと優しい雰囲気にすればいいのに」

と思う人も少なくない模様です。

そうしてみると、一九七九（昭和五十四）年の時点で鉄の女・サッチャーを首相に選び、十年以上もリーダーを任せたイギリスの男性達の度量は広かった、と思います。また、やはりいかにも気が強そうなヒラリー・クリントンを大統領に選びそうになった（結局、選ばれなかったが）アメリカも、「気が強い」と女性議員が叩かれる日本の先を行っている。

日本で活躍している女性を見ると、やはり気の強さをそのまま出す人よりも、「強いのは、気ではなく芯」という人が多いのです。おそらく、「気が強い」と言う時の「気」とは表面的なものを示し、「芯」はまさに内部とか奥底にあるものを示すのだと思いますが、表面的には男性を立てたり譲歩したりしても、男性に頼ったり任せたりするのでなく、最終的にはしっかりした「自分」を持っている、というような。

それは「おふくろさん」の資質と似ています。世で「おふくろさん」と言われる人達

は、子供達にいつでも温かく接し、美味しいごはんを作ってあげ、いつの間にか洗濯も掃除も済ませているのに不平は漏らさず、自分の意見を声高に言ったりはしないのだけれどイザという時に頼り甲斐がある、という人。日本女性は、組織の中でそんな「おふくろさん」と化した時だけ、高い地位でもうまく立ちまわることができるのではないか。

皇室という組織の女性達のトップに立つ美智子様は国民から大人気ですが、美智子様の場合も、気の強さは表面に出されませんが、芯は強そうです。対して雅子様は、一見、気は強そうだけれど、芯は弱そうだからこそ、つらい状況が長く続いているのでしょう。紀子様の場合は、よくわからないけれど両方強そう、そして気の強さを隠す術《すべ》も身につけておられる……。

「気が強そうな女性」というのは、そうしてみると、実はとても弱い存在なのかもしれません。男性からの評判はいざしらず、気が強そうな女性達は皆、自らを欺く術を持たない、素直な善人が多い。しかしそんな彼女達が、気が強いが故に周囲から叩かれて、ボロボロに。その間に、「本当は気が強い、しかしそれを巧妙に隠すことができる」という一見穏やかそうな女性達は、座り心地の良い椅子に居場所を得て、穏やかな微笑みを浮かべていることがしばしばなのですから。

ちなみに私は、大学入学直後は頑張って「気が強くないフリ」をしてみたものの、あいにく私には持久力がなかった。すぐに地が出て言葉の端々から気の強さはバレバレとなり、いまだ座り心地の良い椅子にはありつけておりません。

小学生の女の子達を見ていると、まだ自分を欺くことを知らないので、気が強い女の子はそのまま、気の強さを出しています。男の子などは精神的にも肉体的にもタジタジ、という感じ。

しかし現代のそんな女の子達も、長ずるにつれ、「気の強さをそのまま出すとどうもよろしくない」ということを敏感に察知してしまうのでしょうか。生来の気の強さをまっすぐ素直に育てられる世の中に、なってほしいものだと思います。

14 戦争

気分は男女平等、しかし実際の行動はと見てみると男尊女子要素がそこここに……という私。それはどうしてなのだろうか？　と考えてみますと、親の影響が多分にあるのではないか、という気がしておりました。

父親は昭和一桁生まれ、そして母親はその十歳年下で昭和十年代生まれという、割と年の差のある夫婦のもとに生まれた私。昔は何も考えていませんでしたが、彼等の世代における十年の差は、両者間にかなりの感覚の違いをもたらしたのではないかと、大人になってから思うに至ったのです。

親がどのような時代に生まれ育ったかを子供はあまり気にしないものですが、ある時、父親の口からぽろっと漏れたのが、

「お父さんは、軍国少年だったから」

という一言。

私はそれを聞いて、おおいに驚いたものです。どちらかといえば外国かぶれのきらい

があった父に、そのような過去があるとは思ってもいなかった私。しかし考えてみれば、十五歳で敗戦を迎えた父は、戦時中の軍国主義教育をがっちり受けてきた世代。敗戦とともに急に民主主義と欧米文化が日本に流れ込み、それによって一気に外国かぶれしたという転向組だったのです。

対してその十歳年下の母親はというと、敗戦時に五歳。東京は危ないということで疎開をしたことがあるものの短い期間であり、かつ本人の記憶には残っていません。戦後の民主主義教育を受けて育った最初の世代ということになります。

その後、二人は縁あって結婚することとなったわけですが、戦争の記憶や影響の有無という部分で、両者間にはかなりの差が存在することになります。欧米文化を享受している風な父を見て、母は「あら素敵」と思ったのかもしれませんが、欧米っぽい表皮をはがせば、そこには軍国少年がいる。やがて兄と私が生まれたわけですが、私が物心ついた頃には、両親は「亭主関白の夫と、その機嫌をうかがいながらも機嫌をとりきれずに生きる妻」となっておりました。

母親がある時、

「お父さんから、『俺が黒いものを白と言ったら、それは白なのだ』って言われたことがあるのよ」

と愚痴っていたことがあるのですが、それを聞いて私はゾーッとしたものでした。それはつまり、「たとえ間違いであっても、夫の言うことに反発してはならない」ということ。その感覚は子供である私にはとうてい納得できないものであり、「母親の人生、それでいいのか」と、暗澹《あんたん》たる気持ちになったものです。

昭和一桁世代の夫を持つ女性は、そのような思いをした人が多いのだと思います。しかし女性達はまだ経済力を持ってはいなかったので、夫が嫌だからといって、おいそれと離婚もできない。私の母もそうですが、

「いつでも離婚ができるように、経済力をつけておいた方がいいわよ」

と言いながら、彼女達は娘を育てました。

さらに前の世代、つまりは明治の女などであれば、理不尽な夫に殴られようと浮気をされようと、ひたすら耐えていたのだと思います。人権などという感覚が無かったその時代、そうするしか彼女達には生きる道がありませんでしたし、反対に言うならば、ただ耐えてさえいれば、彼女達は最低限、生きていくことはできた。

そういえば私の祖母達は明治生まれであるわけですが、母方の祖母がある時、言っていましたっけ。やはり明治生まれである祖父が昔、外に女をつくったという時、

「おばあちゃんね、お酒なんか飲めないのに、その時はお酒をきゅーっと飲んじゃったのよ。そうしたら、ぱたっと倒れて翌日まで目が覚めなかった……」

と。

その話を聞いた時、祖母は既にオーバー九十でしたので、微笑ましい昔話にしか思えなかった私。しかし祖母は、夫に女がいることがわかっても、夫のことを怒るでもなく、相手の女のところに殴り込みに行くわけでもなく、また離婚を申し立てるわけでもなく、ただ我を忘れるためにお酒を飲んだ。明治の女、それも薩摩《さつま》おごじょであった祖母は、夫が何をしようとただ耐えて従うもの、と思っていたのでしょう。

そんな親を持っていた私の母親ですから、ベースの部分では「妻は夫に従うもの」という感覚はあったのだと思います。そのベースの上に塗り重ねていったのは、戦後の民主主義教育というクリーム。表面だけであっても、男女は平等であるという感覚を、身につけていきました。

軍国少年のベースに欧米文化のクリームを塗った父は、外に行く時は常に妻同伴であったり、妻のことを「お母さん」と呼ばずに名前で呼ぶなど、欧米スタイルをとっていました。しかし家庭内では、戦前の感覚を無防備にさらけ出していたものです。

そんな夫を持った母は、明治の女のようにただ耐えるだけではありませんでした。明治の両親に育てられたこともあり、一応は夫の理不尽に耐えてはみるのですが、民主主義教育のせいなのか、耐え続けることができない。そして「私ってかわいそう」「一生耐え続けるなんて無理」という思いが募ったのでしょう、彼女は婚外恋愛をすることによって、夫に反発したのです。

戦前は姦通罪《かんつうざい》というものがあって、婚外セックスをした女性は法的に罰せられたのですが（男性はＯＫ）、戦後は廃止に。若妻の婚外セックスを描いた三島由紀夫の『美徳のよろめき』が一九五七（昭和三十二）年にはベストセラーとなり、「よろめき夫人」という言葉が流行りました。婚外恋愛が法的な罪ではなくなり、戦後の混乱がひとまず収束してきたからこそ、女性達はよろめいたのです。

我が母の「よろめき」事件は、よろめきブームよりはうんと後、そして「金妻」ブームの直前に発生しました。ちなみに「金妻」とは、一九八三（昭和五十八）年から放送され、大いに話題になった「金曜日の妻たちへ」というドラマ。東急田園都市線沿線に住む夫婦達の群像劇で、世の主婦達の不倫欲求を刺激しました。

母親の「よろめき」に対して、当時中学生だった私は、「ま、そんなこともあるでしょうよ」程度の感想しか抱かなかったのですが、しかし大人になった今なら、わかる。父が母に理不尽な態度で接したのも、そして母がよろめいたのも、その根っこは戦争につながっているのではないか、と。

少し前までは、おじいさんがひどい態度でおばあさんに接する姿を、電車の中などで見たものです。

「何をノロノロしているんだ、本当にお前はバカなんだから」

などとおじいさんがおばあさんのことを罵倒したり、電車でも当然のようにおじいさんが先に座る、というような。

その手の老夫婦は、おそらく二人とも戦前の人。「ひたすら怒る夫、ひたすら耐える妻」という、ある意味で安定した型が出来上がっていたのです。対して我が家は、戦争を知る夫と知らない妻であったため、そこに齟齬が生じました。

「俺の言うことはすべて正しいのだ」

と夫がいばっていて、途中まで妻は従っていたかと思いきや、

「従えるかっつーの」

と、突然出奔したのですから。

もちろん、それは両親の世代の違いのせいだけではありますまい。どの世代として生まれても父は偏屈で母は奔放だったのかもしれませんが、我が家の家庭不和の遠因は「戦争」ということになれば、そこに育った子供としては、少し納得がいくものなのです。

その後、すったもんだがあって結局両親は離婚をしませんでした。が、そんな家庭に育った娘が、長じて後『負け犬の遠吠え』のような本を書くに至ったのも、家庭の影響がなくはないだろう、と思う私。

「いつでも離婚ができるように、経済力をつけておいた方がいいわよ」

という母の言葉をそれほど真剣に聞いていたわけではないけれど、自分の稼ぎでごは

んを食べる現状を見れば、その発言の影響も少しはあったのかもしれません。

同世代の友人でも、同じようなことを親から言われた女性は、少なくありません。また、戦後の貧しい時代に育った親世代は、自分ができなかったことを我々世代の子供に託す傾向がありました。すなわち、

「私は大学まで行けなかったから、あなたは大学に行って」

とか、

「私は仕事を続けたかったのに姑に反対されて辞めざるを得なかったから、あなたは結婚しても子供を産んでも、仕事を辞めないで」

といったことを、親に言われて育ったというケースが多い。

親からそのようなことを言われると、娘達は頑張ります。もとより女子は生真面目であることが多いですから、頑張って勉強して良い大学へ行き、ちょうど男女雇用機会均等法も施行された後だったので、きちんと仕事にも就く。

そうしてふと気がついたら結婚も出産もしていませんでした、という人もいれば、母親の言いつけを守って、結婚・出産後もきちんと仕事を続け、ふと気がついたらヘトヘトに……という人も。

では我々世代の男性はどうかと見てみると、親の感覚を引き継いで家では偉そうにしている人もいるものの、だいぶ男尊女卑感覚は薄れている人が多いようです。彼等は青

春期に「ポパイ」など読んで育った世代であり、とにかくモテたい気持ちが強いし、「家族の仲が良い方が格好いい」という感覚も持っているのです。本当は偉そうにしたくても、男尊女卑感覚をむき出しにしてしまうと現代を生きる人間としてダサいから隠している、という感じか。

かつて私は、結婚した兄が週末だけは自分でパスタを作るという話を聞いた時、

「可哀想に……」

と母が漏らしていたのを、聞いたことがあります。私はそれを聞いて、どこが可哀想なのだか皆目わからず、頭の中が「?」でいっぱいになったものでしたっけ。

母は、戦後の民主的教育を受けた世代であっても、「家庭で料理を作るのは妻」という固定観念から逃れることはできていなかったのです。自分の息子のこととなると、週に一回の料理すら、「可哀想」という単語と結びつけざるを得なかった。もしも私が結婚して、夫と同等の仕事をしながらも連日、料理を作る羽目になっても、母は「可哀想」とは思わなかったのではないか。

そして私は、友人の専業主婦達が、

「息子がもしもキャリアウーマンなんかと結婚しちゃって、家事を手伝わされたりしたら、可哀想よね」

「ほんとほんと」

と言っているのを聞いたことがあります。彼女達の息子は、高校生や大学生とまだ若い世代なのですが、そんな子供の母親でも、専業主婦の場合は「男が家事をするのは可哀想」という男尊女子感覚を持ち続けているケースがあるのです。

男が主、女が従という、ある意味で安定した関係性が敗戦によって一気に取り払われた日本では、様々なクリームで平等っぽくうわべを飾りました。それから長い時が経ち、どんなクリームを塗ろうと男尊女卑感覚を捨てきれない人もいれば、女尊男卑くらいまで突き抜けた人もいて、今の男女感覚には、人によって著しい差が生じています。

これからは、「男の人にブラジャーを洗ってもらうのも全く平気」という女の子と、「この子が結婚して家事を手伝わされたら可哀想」と思う母親の息子が、結婚するケースも出てきましょう。敗戦によって生じた男女感覚の差異は、我が家のように時に悲劇を生じさせたわけですが、敗戦から七十余年経った今も、感覚のズレはまだ埋まっていないのです。と言うより、感覚の差はどんどん広がっているのかもしれず、そんな感覚差カップルの結婚がどのような展開を生むのか、ちょっと覗《のぞ》いてみたい気もするのでした。

15 嫁

とある食事会の席において、三十代の男性が、

「うちの嫁がこう言って……」

とか、

「嫁の実家に行ったら……」

などと、「嫁」を連発していました。するとアラカン（アラウンド還暦）女性が、

「私、さっきからその『嫁』っていう言い方を聞いていて、すごくイライラしてたんだけど！　嫁っていうのはねぇ、『女』に『家』と書くわけで……」

と、腹に据えかねたように話し出したのです。「嫁」とは女は家にいるべきだということを強制する言葉なのであって、ポリティカル・コレクトネス的に正しくないということをあなたは知らないのか、と。

するとと三十代男性は、さらっと言いました。

「○○さん、古いなぁ。『嫁』なんて、単なる記号じゃないっすか！」

と。さらには、

「そんなの、ウーマンリブとかの時代の感覚ですよね？　そんなこと言ってたら、日本で使える言葉なんかなくなっちゃいますよ」

とも。

三十代男性は、「女に家と書いて嫁」ではなく、「ＹＯＭＥ」という感覚で、この言葉を使用していたようです。実際、彼のＹＯＭＥはフルタイムで働いており、彼自身も、ＹＯＭＥに家にいてもらいたいなどとは、これっぽっちも思っていない。

アラカンと三十代、両者の間には、世代による感覚の違いを見てとることができます。アラカン女性は、一九七〇年代に吹いたウーマンリブの風を知っている。だからこそ、男女差別をなくすには言葉から、という感覚を持っているのでしょう。

対して三十代の場合は、男女の差が相当少なくなった時代を生きてきています。家事も仕込まれているし、男ということでいばったりもしない。

またその世代の母親達の中には、子供が小さいうちから、オーガニック的な食品だけを食べさせ、天然素材の衣服を与え……と、ナチュラル系過保護に育てている人も。

「オーガニックだなんだって大切に育ててると、男の子は草食系になるような気がする。化学調味料とか着色料とかたっぷり食べて育った子の方が、何となくたくましいもん」

と、とあるお母さんが言っていましたっけ。

「俺についてこい」

とは言わないものの、

「誰のおかげで飯が食えると思っているんだ」

とも決して言わない世代においては、「言葉遣いから正していかないと、女は差別されてしまうもの」という感覚がそもそも無いので、かえって平気で「嫁」と言うのでしょう。

するとその時、同じ場に居た四十代の独身女性が、

「私は『うちの嫁』って言われてみた〜い！」

と、ややこしいことを言いだしました。結婚していない身にとっては、夫から「うちの嫁が」などと言われることに憧れる、と。

彼女の感覚は、ウーマンリブ世代と、草食男子世代との中間に位置するものです。ウーマンリブのことは、よく知らない。だから嫁という言葉に即、ムカつくわけではないが、かといって、嫁をYOMEとして使用する感覚でもない。「女に家と書いて嫁」と認識はしているけれど、結婚せずに一人で働いて生きている現状を考えるならば、夫から「家にいてほしい」なんて言われるのは、彼女にとってむしろ憧れの状態なのです。

この、「『うちの嫁』って言われてみた〜い！」と言う女性が、つまりは男尊女子世代なのでしょう。二十年以上一人で働いてきて、もしかするとこれからもずっと一人なの

かもしれないと思った時、彼女の中に生まれてくるのは「かしずき欲求」のようなもの。社会でたくさんの人に揉《も》まれるのは、楽しいけれど疲れる。一人の男性にだけかしずいている方が、ラクではないの……、と。

女は家にいろとかいるなとかいった問題は、過去を見ていると、右に揺れたり左に揺れたりと迷走しながら、現在に至っています。女権拡張運動というのは、日本の場合は平塚らいてうによる「青鞜」の創刊に端を発していると思われますが、女は男に従うのが当然という世で、らいてう達の動きはかなり過激に見られていました。

過激なイメージがあるらいてうですが、彼女は世の女達に対して、「家から出ろ」と扇動したわけではありません。らいてうは、女にとって最も大切なものは母性であり、子を産み育ててこそ本当の女、と思っていた。妊娠、出産、育児をしている女性は、国によって保護されるべきだという考えを持っていたのです。

らいてうの意見に異をとなえたのは、与謝野晶子でした。らいてうより一世代上の晶子は、既に歌人としてスターの座にいました。また彼女は、夫である鉄幹との間に子供を生涯で十二人産むなど、全方位的に「旺盛」な人。

そんな晶子は、子産み・子育てを国に頼って行うなど論外、と思っていました。夫だっていついなくなるかわからないのだからして、女も経済的に自立してから子供を産むべきだ、という意見です。

現代の世であれば「それも一理ある」と思われる晶子の意見ですが、らいてうと晶子の間で意見の対立があった大正時代、それはらいてうの意見よりずっと過激でした。職業婦人などという人は特殊な存在で、晶子のように夫を凌《しの》ぐほどの経済力を持つキャリアウーマンは極めて異例だったのですから。それは「持てる人」であるからこその感覚だったのでしょう。

大正デモクラシーのせいもあり、自由を満喫する女性も登場してきたものの、日本が第二次世界大戦に突入すると、女性の地位は一気に後退します。とにかく兵隊が足りないということで、「産めよ殖《ふ》やせよ」のスローガンのもと、女性達はせっせと子産みに励まなくてはならず、まさに「子を産む機械」。のみならず、男が兵隊として出払ってしまうと、労働力が不足して女性も駆り出されたりと、さんざんな目に。戦時下においては、女権だの自立だのといったことは、どこかに吹っ飛んでいったのです。

そんな世の中は、しかし敗戦によって激変しました。進駐軍がやってきて、日本の憲法もささっと変更。女性にも急に、参政権やら人権やらが与えられて、権利だけは男並みになり、「戦後、強くなったものは女と靴下」と言われるようになるのでした。

敗戦によって女性に与えられた権利は、その後も奪われてはいません。が、だからといって女性はどんどん強くなり続けたわけでもないのです。戦後数年が経つと、敗戦によってナリをひそめていた保守派が復活、民主化の動きを止めようとする「逆コース」

といわれる動きが起きてきます。保守派の男性達は、女性が強くなっていくことによって日本の伝統的な家制度が崩壊することを恐れたのでしょう、憲法第二十四条を改正しようとするのでした。

憲法第二十四条とは、「婚姻は、両性の合意のみに基いて成立し……」で始まる部分。家族制度における個人の尊厳と、両性の本質的平等というものをここでは言っています。敗戦までの家父長制が第二十四条では否定されたわけですが、当時の自由党（現・自由民主党）の人達は、「やっぱり昔の家制度に戻したい」と思ったのです。

そんな揺り戻し現象がありながらも憲法は変更されることなく、「女と靴下」はさらに強くなっていったようですが、しかし高度経済成長期になれば、「男は外で働いて、女は家を守る。子供はだいたい、二人くらいですかね」というモデルがいつの間にか定着していました。女に家と書いて嫁、というスタイルは、新憲法が成立して家制度が崩壊してしまったのではないか、という保守派の心配に反して、しっかりと根付いていたのです。

……と思うと、そこにさらなる揺り戻しがやってきて、それが六〇年代後半からのウーマンリブ。第二次大戦後、女性の地位が向上したのは世界共通でしたが、その停滞期に、ベトナム戦争への反対運動などと相まって、男女の平等をかなり過激に訴える運動が広がっていったのです。

ウーマンリブが沈静化した後は、昭和の末期に男女雇用機会均等法が施行。女性も男性と同等に働くことができるようになったかと思えば、今度は「髪を振り乱してバリバリ働きたくなんかない。専業主婦になりたい」と、専業主婦願望を持つ女性が増加。そうかと思うと男性が草食化してきて、専業主婦どころか結婚するにもかなりの努力が必要になってくる……。

と、このように女性の立場はあちらにこちらに揺れながら、少しずつ変化してきています。女性が家から出ようとすると、「いや、家から出るな」と男性達が言ってきたり、はたまた女性自身が「家で家族の世話だけしていたーい」と言いだしたりと、押されたり引っ込んだりしながらも、結局は女性は「家にいるも外に出るも、個人の自由」という立場を獲得したのです。

嫁が家にいなくてはならない時代の日本では、家自体が「誰かが必ず家にいなくてはならない」という構造になっていました。私が子供の頃に住んでいた家もそうだったのですが、日本家屋の扉は引き戸ですから、鍵は家の内側からねじ式でかけるもののみ。つまり、外から鍵をかけて家族全員が留守にする、ということができなかったのです。

昔の日本、特に地方では鍵などかけずに外出していたわけですが（我が家も近場であれば鍵をかけずに外出していた。のどかな時代でした）、しかし一家全員が何日も鍵をかけずに留守にすることはできないわけで、基本的には「家にいる人」が必要。それが嫁の役割でもありました。

そう考えると、鍵さえかけてしまえば家にいようと外に出ようと自由、という今は良い時代なのです。家にいなくてはならなかったからこそ、昔の嫁は「外に出たい」と思った。そしてウーマンリブの時代も、「鍵は外からかけられるかもしれないが、嫁は基本、家にいるべきもの」という意識が強かったからこそ、その時代を知る人達は、「嫁」という言葉に対して今も嫌悪感を持つのだと思う。

そういえば、前章でご紹介した元軍国少年であるところの私の父は、兄が結婚した後、兄の妻が結婚後もずっと働き続けているのを見て、

「いつまで働かせておくつもりだ」

と、兄のことを怒ったことがあるのだそうです。昭和一桁世代の男性にとって、妻を働かせることは男の恥、という意識があったのです。

「夫婦共稼ぎ」という言葉にも、昔は非常に悪い印象がつきまとった模様。共稼ぎをする家庭の妻は、「仕事が好き」とか「自己実現のため」といった理由で働くのではなく、「夫に甲斐性が無いので仕方なく妻が働きに出る」という、陰惨なイメージを背負っていました。兄が結婚した時は、既に女性が働くのは当たり前で、夫婦が共に働いていても何らおかしくはない状況でしたが、父の頭の中にはまだ、「結婚した女性が働く＝困窮家庭」という感覚があったのです。

私はその話を聞いて、仰天したものでした。私はといえば、いつ何時、夫が病気になったり他界したり、はたまた離婚したりしないとも限らないのに、世の中の専業主婦達はよく「夫はずっといるもの、そして稼ぎ続けるもの」と思っていられるなぁ、という感覚。自己実現云々《うんぬん》といったことを抜きにしても、一家の中に稼ぎ手が一人しかいないだなんて危険すぎるから男女共に働いた方がいいのでは、と思うのです。

その点においては、私の感覚は意外に与謝野晶子と近いのかも。だからこそ、自分の父親が「妻を働かせるなぞ、夫として恥」と思っていたことに驚いたのです。

そうしてみると、「YOME」という単なる音や記号として「嫁」という言葉を口にする今の若者は、様々な嫁にまつわる歴史を、既に超越しているのかも。若いお嬢さんが、「嫁にやる」「嫁にもらった」などと物品扱いされていた時代も、

「娘がようやく片付きましてね……」

などと断捨離感覚でやっかいもの扱いされていた時代も、今の若者はもう知らない。

そして今や、姑世代も嫁には気を遣って、

「うちの嫁がね」

などと言う人はいなくなり、「お嫁ちゃん」などとかわいらしく言ってみたり、「○○さん」と名前で呼んでみたり、嫁姑感を出さないように必死なのです。

昭和の男性達は、自分の配偶者を「ワイフが」とか「サイが」などと言っていたよう

ですが、それは「嫁」という言葉に対する禁忌感がそうさせていたのかもしれません。今の若い男性が、何ら躊躇なく「嫁」を多用するのは、そういった意味が既に薄れてきたからなのでしょう。

そんな「嫁」という言葉に目くじらを立てるべきなのか否か、どうもよくわからない私。言葉の出自はどうあれ、その意味合いは時代によって変化するものなのですねぇ。

16 服従

何かの対談で、三島由紀夫が、

「男に従いたいという欲求を女は持っていて、それは本能的なものだ」

といった発言をしているのを、読んだことがあります。

三島由紀夫といえば、基本的には男尊女卑の人。ホモソーシャル的にもホモセクシュアル的にも、男性的なものにグッとくる傾向を持っていたわけです。作品の中でも、女は基本的に、愚かなる存在として扱われていると言っていいでしょう。

三島の存命中ですから、対談はだいぶ昔に行われたものです。それを今の世において読んだ私は、

「面白いこと言ってるなー」

と思ったものでした。石原慎太郎のような、三島と近い世代の人ならいざしらず、今の若手作家がそのようなことを言うなど、考えられない。おそらくは時代&世代がそう言わせたのだろう、と。

戦争の記憶が色濃い時代は、男尊女卑の記憶もまた色濃いものでした。夫が妻に手をあげる、といったことも特に罪悪視はされておらず、

「妻というのは、本当は夫に殴ってほしいと思っているのですね」

「ぶたずにいると、『どうしてぶってくださらないの』と妻に言われる。ぶつことが、愛情だと思っているのです」

といった戦後すぐの男性の発言も、読んだことがあります。

時は流れ、今では夫婦間の暴力は「ＤＶ」と言われ、一度でもそのようなことがあったら、即離婚となってもおかしくなくなりました。夫に殴られた友人がかつていたのですが、その時は彼女がとんでもなく非文明的な男性と結婚してしまったように思われ、皆がその夫婦のことを腫れ物に触るように扱っていたものでしたっけ。

三島が「夫は妻を殴って当然」という時代の人だからこそ、「女は本能的に男に従いたいと思っている」といった発言をしたのだろう、と私は思いました。が、次の瞬間にふとよぎったのは、「本当にそうなのか？」という疑念。それが本能的かどうかは横に置くとして、「三島の時代よりも進んだ時代に生きている進んだ女」と信じている私の中に、「男に従いたい」という欲求は全く無いのか、としばし考えさせられたのです。

男に伍して、というよりは男を指導したり統率したりして働く立場にある女性達と、「男性からたまに軽く扱われると、グッとくる時がある」という話になったことがあり

ます。すなわち、

「ふとした瞬間、男の人に頭にポンと手を置かれて、髪をくしゃくしゃっとされたりすると、無性に嬉しい……」

とか、

「男性と二人で歩いていて、道を曲がる時に腰とか肩に手を回されてそっちの方に押されると、やけにドキドキする……」

などと。

その気持ち、私もよくわかります。「髪をくしゃくしゃ」というのは、一種の〝子供扱い〟です。酸いも甘いも嚙み分けたキャリアウーマンは、職場において常に頼もしい大人の顔をしていなくてはならないからこそ、子供のように扱われる瞬間がたまにあると、嬉しいのです。

それは、社会的地位のある男性ほどおむつプレイなどをしたがる、というのと似ているかもしれません。彼等は、いつも重責を担っているからこそ、おむつをしてもらっておっぱいをあてがわれるという、「自分では何もしなくていい」プレイによって、ガス抜きをしている。

重責を担うキャリアウーマンも、本当ならば赤ちゃんプレイをしたいところでしょうが、女が女のおっぱいにむしゃぶりつくわけにもいきません。だからこそ、彼女達は

「髪くしゃくしゃ」に、軽い性的興奮を覚えるというのです。

また、道を曲がる時に肩や腰を押されるというのは、軽度の〝無知扱い〟です。若い頃は、〝ぶりっ子〟をしている時に男性から、

「バッカだなー」

などと言われると、「してやったり」と思った彼女。しかし、いつも部下からジャッジを求められる職場ではもう、バカのフリも天然のフリもできず、いつも自分で進む方向を決め、指示しなくてはなりません。そんな彼女にとっては、たとえ道を曲がるだけのことはいえ、男性から「そちらに行きなさい」と方向を指示されることが、嬉しいのです。

これらの事象は、いずれも軽度であるからこそ、キャリアウーマンにウケがいいのでした。重度の子供扱いや無知扱いでは、女性達は怒りだしますし、また「髪くしゃくしゃ」が「頭を摑んでゆさぶる」では暴力になってしまう。

相手が誰でもいいというわけでもありません。日頃から憎からず思っている相手からその手のことをされるからこそ「あら？」と思うのであり、そうでない相手の場合は「気安く触るんじゃねぇよ」と、心中で悪態をつくことになる。

男性からすれば「そんなの知るか」という微妙さかとは思います。が、ある種の女性は「髪くしゃ」であろうと「壁ドン」であろうと、はたまた「路チュー」であろうと、

憎からず思っている相手からされるのであれば、強引にされることによって興奮が高まる、という性癖を持っている。そんな人を見て「女性には犯され欲求があるのだ」と言う人もいますが、女性は「好きな相手から強引に何かをされるのが好き」なのであり、誰かれかまわずされたいわけではない。そのような微妙かつ傲慢な心理を男性にわかってもらうのはさすがに無理だろうということで、今の若者は「強引に何かされたい」という欲望の発散を、二次元の中にだけ求めるようになっているのです。

いずれにせよ、自分の理想に適《かな》う形で他人から何かを強いられたり他人に従ったりするということは、大人にとっては時に深い癒し行為となります。子供は「服従なんてしたくない！」と反発するものですが、自分で道を選ばなくてはならない大人は、服従の甘さを愉しむことができる。

私も、仕事においては自分でジャッジをしなくてはならない身です。どのような文章を書くかは、当然ながら自分で決めること。こんな私であっても、書き始める前には「果たして私、書きおおせることができるのだろうか」などと虚空を見つめることもあるのでした。

会社員の仕事とは違い、他人を指導したり統率したりする必要が無いので、何とかやってはいます。しかしそもそも依存心が強く、優柔不断な性格の私は、「書く」以外のことをする時は、依存心が爆発。相手の性別は問いませんが、頼もしい人がいると犬のように腹を見せて、服従の意思を示しがちです。

男女交際の場面においても、「脆弱《ぜいじゃく》な男を私が引っ張っていってあげる」といった気概は持ちあわせていません。「頼もしい人が好き」と思ってしまうのは、私が中途半端に昔の女だからなのでしょう。

私のみならず、そもそも日本人は、全体的に「頼もしい人に従う」ことが好きなのではないでしょうか。外国人から「自分の意見を持たない」「ＮＯと言えない」と言われがちな、我々。共同作業が必須の農耕民族だから「和」を尊ぶとされており、もし意見など持ったとしてもグッと飲み込み、皆と同じようにしていれば万事うまくいく、と信じています。

かつての日本の村は、女は男に従い、男は庄屋に従い、庄屋は代官に従い……と、服従の連鎖によって成立していたものと思われます。そんな服従連鎖の最下層で長い長い時を過ごしてきた日本の女が、その服従癖を簡単に手放すことができなくても、仕方ないことなのではないか。そして三島由紀夫がそれを「本能」と判断するのもまた、仕方がないのです。

女性の服従癖の有無には、世代差や個人差が大きく関係しているようです。年配の女性ほど男性への服従癖を持つ割合は高く、若い世代はそうでもないイメージがありますが、かといって世代だけで判断できるものではない。若くても、男性から殴られれば殴られるほど服従の度合いを高める女性もいれば、また年配であっても服従感を全く感じさせない女性もいるのですから。

伊藤園から発売されている「お〜いお茶」という飲料がありますが、あの商品の名前が女性差別的である、ということが少し前に話題になりました。「お〜い」という呼びかけは、主に男性が発するもの。そして後に「お茶」とくれば、社会通念上、男が男にではなく、男が女に茶を欲していると考えがち。性役割分担を押し付けるような商品名はいかがなものか、と。

一九七五（昭和五十）年には、インスタントラーメンのコマーシャルで使われた、

「わたし作る人、ぼく食べる人」

という言葉が、やはり女性差別的ということで問題になりました。この時はすぐに別の言葉に変わったようですが、「お〜いお茶」は一九八九（平成元）年から使用されている名称にもかかわらず、ながらくスルーされてきました。「わたし作る人」の頃はまだウーマンリブが盛んだったのに対して、「お〜いお茶」誕生の頃はバブルの時代、むしろ性の商品化が進んでいたせい、なのか……？

「お〜いお茶」、確かに性役割分担云々を想起させる名前ではあります。「お」と「い」の間に「〜」が入ることによってだいぶ旧弊な響きが和らいではいますが、「おい」自体は、かなり印象の悪い言葉。昔の巡査は「おいコラ」と人を呼びつけるということで

悪評が高かったですし、封建時代の夫は妻の名前など呼ばず、「おい」とか「お前」で済ませていたのです。

私はおそらく、今までの人生で一度も、他人から「おい」と呼ばれたことがありません。「お前」についても然り。せいぜい、体育会時代の先輩に怒られる時に、

「お前ふざけんな！」

などと言われた程度か。

体育会のような疑似軍隊における「おい」「お前」は一種のプレイであるとしても、もし男女交際の場で「おい」「お前」と呼ばれたなら、私はキレるに違いありません。内なる服従癖は持ち続けていながら、表面的に「服従している」感は出したくないのでしょう。ユニセックス化が進む世の中において「おい」は古語となりつつあり、「お～いお茶」も、その意味では「日本古来の味を守っているお茶」というイメージを醸し出しています。

さらに言うなら、「お～いお茶」という名前は、ある種の時代の終焉《しゅうえん》を示してもいるのです。かつては、男が女に「お～いお茶」と言えば、すぐに湯のみに入った適温のお茶が出てきた時代がありました。むしろ夫が声に出してお茶を要求する前にお茶を出さなくては妻失格、妻たるものは言われる前にお茶を出すべき、という感覚もあったのです。

しかし「お～いお茶」が発売された一九八九年時点で、そのような図式は既に崩れていました。その年は既にバブル絶頂期、そして男女雇用機会均等法が施行され、女性達は働いたり遊んだりと大忙しだった。自分の欲求を充足させるのに必死で、殿方の欲求を事前に察してお茶を出す、などということはできなくなっていたのです。

だからこそ登場したのが、ペットボトル入り（その前は缶入り）のお茶だったのでしょう。お父さん達は、お茶が飲みたくなったら心の中で「お～いお茶」とつぶやいて、冷蔵庫から「お～いお茶」を取り出して飲むようになったのです。

実際、私は「家に急須は無いし、生まれてから一回もお茶を淹れたことがない」という女性を知っています。独身一人暮らしというわけでなく、夫も子もいる四十代。お茶が飲みたい時は、ペットボトルを買うのだそう。

農家の軒先で近所の人に出すお茶も、今や土瓶と茶碗でなく、ペットボトルです。その方が洗い物は出ないし、残ったら持って帰ることができる。ホームセンターでは、ペットボトルのお茶が段ボール単位で売れていくのです。

座ればお茶が出てくるもの、と思っていたかつてのお父さん達は、「お～いお茶」の登場で初めて、お茶を淹れるにも手間やお金がかかることを知りました。「お～いお茶」は、「昔の日本には、男性が『お～いお茶』と言えば女性がお茶を出すという風習があったのですが、それはいかがなものかと思うので伊藤園はペットボトルを販売しています」と伝える商標なのかもしれません。
「おい」は、服従して当然と思われる相手を呼ぶ時の言葉です。もしくは「おい、小池！」のように、事件の容疑者を捜すポスターなど、「丁重に扱わなくていい相手」を呼ぶ言葉。

しかし平等化が進む社会の中で、服従・支配の関係性を堂々とアピールできる場は少なくなり、「おい」という言葉も使用されなくなりつつあります。服従関係は、社会から巧妙に隠されるようになりました。

ではもし、三島由紀夫が言うように、女性は本能的に男性に対する服従欲求を持っているのだとしたら、我々はどのようにしてそれを発散すればよいのでしょうか。

もちろん今も、権威的な夫は存在します。しかし私達は、前述のように「表面的には服従したくないが、内なる服従欲求を抱えているかもしれない」という身。夫が外で妻を顎でつかうような態度を示すと、「非文明的な男としか結婚できなかった女だと思われてしまう！」と、屈辱を味わわなくてはなりません。私達は本当に服従したいのではなく、生活のスパイスのように、軽く服従をしてみたいのです。

となると今の我々の欲求は、やはりプレイで発散するしかないのです。責任ある仕事に就く男性は、赤ちゃんプレイの他にＳＭプレイ、それも特にＭ側になることを好むのだと言います。他人を従わせてばかりいる彼等は、女王様に「従う」という快感を味わいたいのでしょう。

そしてSM行為とは、一見S側がイニシアティブを握っているように見えますが、本当は違うのだそう。M側が自分の好きなように虐《いじ》められるべく、S側を操っているのです。

女性が自らの理想通りに服従欲求を発散させるには、熟練のマゾヒストのように巧妙に下に出て、相手を操るしかないのでしょう。皆がMになりたがるので、SM業界では現在、S人材が不足しているといいます。そして家庭においても、夫も妻も服従したがっているので、Sのなり手がいないのです。今や服従などということができることの方が、贅沢《ぜいたく》なのかもしれません。

17 高低

　東大出身女性の、「勉強できた」話を聞くのが好きです。

「特に勉強などしなくても、小学生時代の成績はいつもトップだった」

「四谷大塚の全国模試で一位をとったことがある」

といった話を聞くと、まるでプロのアスリートの話を聞くように、

「かっこいーい!」

　と言いたくなる。プロのアスリートの身体能力が子供の頃から傑出しているのと同様、東大に入るような人は子供の頃から頭脳能力が常人とは違うのです。

　しかし東大出身女性には、悩みもある模様。すなわち、

「東大出身と言うと、特に男性からは引かれがち」

　ということではありませんか。桜蔭→東大というコースを進んだ同世代のある女性は、

「若かりし頃はディスコとか流行ってたわけですけど、ナンパされても大学の名前は絶対に言わなかった。『東大』それも『桜蔭から』とか言ったら、向こうの酔いも醒《さ》めま

すもん」

とのこと。

日本人は「東大出身」と聞くと条件反射のように「すごーい」と言うわけです。が、その東大出身者が男の場合は「すごーい」がモテに通じる場合がままあり、女性の場合は「すごーい」からこそ一歩引かれる、ということになりがち。

知人男性は、私立大学から東大大学院に入った途端、

「すごくモテるようになった。東大ブランドってあるんだね」

と言っていました。東大＝将来有望そう＝結婚向き、と女性達が思うからこそその、モテでしょう。

しかし女性の場合は、東大だからモテるということにはならない。東大＝俺より頭イイ＝ちょっとね、ということになるのではないか。

「だから東大女子は、学生のうちに東大男子をつかまえておかないと、あとが大変なんですよ。一度社会に出てしまうと、東大出身の女と聞いただけで腰が百メートルくらい引ける男ばっかりなんですから」

ということなのです。

女性にとって東大ブランドがなぜモテにつながらないかといえば、「女よりも男の方が高いと、しっくりくるもの」が世の中には色々あって、その一つが偏差値だから。そ

の昔、女性が男性に求める条件として「三高」というものがありました。学歴、年収、身長が「高い」男性がモテるとされたのです。女性達は、それらの条件ができるだけ高い男性、そうでなくても「少なくとも自分より高い」という男性を望みました。

「三高」の条件に加えて、日本のカップルにおいては年齢も男性の方が高いケースが多いものです。夫と妻の間の高低差をはっきりさせておく方が、家庭という組織の管理がしやすかったのでしょう。だからこそ女は、たとえ能力が「高」であっても色々なことを「低」に抑えておく方が、つがいになりやすかった。

その昔、親達は娘に、

「女に学歴はいらない」

と言ったそうです。「下手に高い学歴を持ったら嫁の貰い手がなくなる」という親心が、そこにはありました。たとえ結婚できても、女が変に学問を修めると理屈っぽくなって男に意見をしたりするから、女の学歴はそこそこでいいのだ、と。

しかし時代は変わり、様々な面で女も「高」を目指すことができるようになりました。女は大学に入ることすらできない時代がかつてはありましたが、少しずつ制度が変わって、女も高い教育を受けたり、高キャリアや高収入を得られるようになってきたのです。

男性の意識も、変わってきたのでしょう。三高の条件の一つである身長が、女の方が男よりも高いカップルは、昔より増えています。それも女が猫背になることもなく、むしろヒールをはいて高身長をアピールし、小男を堂々と連れ歩いているのです。そして学歴や収入が女高男低というカップルも、全く珍しくない。

とはいえ、皆が皆、「女高男低、いいんじゃないですか？」と思っているわけではなく、「やっぱり、女低男高の方が、何だかんだいってしっくりくる」という気分の人は依然、多いものです。「女高男低でもいいですよ」という人はいても、「女高男低でなくちゃ絶対に嫌だ」という人は、男女を問わず少ないのではないか。

東大出身女性がモテの現場で苦労するというのも、その一現象でしょう。

「東大女子？　稼ぎそう！　いいねーっ」

と大喜びで寄ってくる男性は、おそらく詐欺師の方が多い。

「東大在学中に知り合った東大生とそのまま結婚するか、ハーバードみたいな海外の大学出の人と結婚するか。もしくは恋愛面での色々な辛酸を嘗《な》めた後、偏差値という物差しの外で生きてきたような人と、思いっきり女高男低婚をする人もいますね。もう、学歴もキャリアも収入も年齢も全部女の方が高いっていう」

とのことなのです。

東大では、女子学生の割合が全体の二割程度しかいないということで、一人暮らしの女子学生に家賃を三万円補助する制度を始めたそうです。地方の優秀な女性も、東大に入りやすいように、とのことなのでしょう。

しかし東大に女子学生が少ないのは、モテ問題も関係しているのかも。地方からわざわざ東大に入ったのに、能力に磨きがかかればかかるほど非モテに……ではつらい。能力という爪を隠しながら地元で普通に過ごした方が幸せかも、と思う人もいるでしょうから、それは三万円の家賃補助では解決できない問題なのではないか。

東大出身女性に限らずとも、女性が高スペック化している今、女高男低婚は珍しいものではありません。が、そのようなカップルの、特に女性達を見ていると、自分の方が「高」であるが故に、何らかの気遣いをしている人が多いのです。

たとえば、外資系金融企業に勤めるある女性は、日本のメーカー勤務の夫よりも明らかに年収が高い。そんな彼女は、

「外で高いものを食べた時は私が払って、安い居酒屋の時なんかは向こうに払ってもらうようにしている。生活費についても、やっぱり高いものは私が払って安いものは向こうが、という感じで、〝折半〟っぽいムードが漂うように……」

と言っていました。

また、京大出身の研究者の女性は、四十歳近くなってから年下でIT系ベンチャーに勤めるサラリーマン男性と結婚したのですが、彼女を見ていると「気を遣う」を通り越してほとんど卑屈にすらなっているのでした。

「私みたいな女と結婚してくれたんだし……」

と、彼女の方が仕事も忙しいというのに、家事も育児も一手に引き受けて、ふらふらになっている。

「お互いに働いてるんだから、ていうか収入はあなたの方が多いんだし、少しは分担してもらってもいいんじゃないの？」

と言えど、

「やっぱり負い目があるっていうか……」

とのこと。

彼女にとって何が「負い目」なのかと聞いてみますと、やはり自分の方が学歴もキャリアも年収も年齢も、ついでに言うなら身長も「高」であるということ、らしいのです。

「向こうはもっと若くてかわいい子とも結婚できたわけじゃない？　それなのに私みたいなのと結婚してくれたんだし、せめて家事くらいはしないと」

とのこと。

何という男尊女子なのだ！　と驚くわけですが、しかし彼女は、今までの経緯の中から悟ったのでしょう。「夫は、本当はあらゆる面で自分の方が上でいたいのだけれど、それがままならないイラつきを抱えている」ということを。そのイラつきを暴発させないためにも、彼女は家庭内においては自らの身をなるべく低めて、夫の癇《かん》に障らないようにしているのです。

社内結婚で、夫よりも妻の方が出世している、というケースもあります。

「子供の前では、そういう社内の事情は匂わせないようにしているけれど、たまに夫に対して上司のような物言いをしそうになって、あわてて口をつぐむ

と、こちらも大変そうです。

女高男低という状況に、自然に対応できる男性も、もちろんいます。自分の方が「低」な面があるからといって卑屈になることなく、相手をサポート。社会的立場が妻より「低」であることへの復讐のようなものを家庭内で果たすべく暴君になることもない、という人が。女性にとっては、そのように女性のキャリアなり収入なりに男性が「嫉妬しない」ということこそが、最高の内助となるのです。

最近は、そのような内助で女性を立ててくれる男性も増えてきたものの、そうではない人もまだまだいる。最初のうちは、「女の仕事に嫉妬するような小さい俺じゃないぜ」と頑張って交際なり結婚なりをしたものの、時が経つにつれ「やっぱり俺……、耐えられないかも」ということになり別離、というケースも。

だからこそ女性は、自分の「高」な部分の取り扱い方に混乱してしまうのです。一度嫉妬されて恋愛が壊れると、次からも「私が東大であちらは二流私立ってことを気にしているんじゃあ……」などと気を回すあまり下手に出すぎ、その態度が男性にはかえって腹立たしかったり。

何事も男は「高」で女は「低」、という歴史が長かったからこそ、上下の逆転時にそのような混乱が生じるのでしょうが、しかし女の方が「高」でも問題にならないものも、いくつかは存在します。家事能力などは、その代表例でしょう。男の方が家事能力が高くても気にしない女性は増えてきましたが、「家事は女」という概念はまだまだ強固。女性の家事能力がどれほど自分より高くても、文句を言う男性はいません。

もう一つ、女性の方が「高」であっても問題にならないものは、容姿のレベルです。不っ細工な男性が、美人妻を得たりすると、その男性は卑屈どころか鼻高々になるもの。不細工夫にとって美人妻は、自分がそれだけ甲斐性持ちであることの証左になるのです。「結婚は、男のカネと女のカオの交換」とは小倉千加子さんの名言ですが、カオ偏差値が40の男は、カネを持っていればカオ偏差値が72の女性とも結婚することができる。男性はその時、妻と自分のカオ偏差値に30以上の開きがあることをまるで気にしない、というよりも、その差をむしろ誇りにすることができるのです。

夫婦のカオ偏差値というのはだいたい釣り合いがとれているものですが、カオ偏差値が40同士のカップルだったりすると、何となく寂しい気持ちになるもの。さらにはこれが72同士であっても、頭が悪そうに見えてしまうのが不思議なところで、60台同士のカップルだと、安心して「美男美女」と言われやすい。

そして最も祝福されやすいのは、カオ偏差値が「男の方がちょっと下」というカップルなのです。夫はもっさりしていたり野獣のようなのに妻は美人、という二人は、「あんな美人と結婚できたとは、きっと仕事ができる旦那さんなのだわ」とか、「自分は美人なのに見た目で相手を選ばない妻も偉い」などと言われる。カオ偏差値が10程度の差であると、このように「微笑ましい夫婦」と捉えられがちです。

しかし夫のカオ偏差値が妻より二十以上も下だと、途端にカネの匂いが強く漂うようになるのでした。おまけに夫の方が十センチは背が低く、年齢は二十も高く……といった凸凹が目立つ二人の場合は、「すべての高低差をカネが埋めたのだな」ということが明らかすぎて、どこを見ていいかわからないような状態に。

だからカオ偏差値の高い女は得だ、という話もありますが、カオ偏差値において女低男高というカップルも、いるものです。夫はかなりのイケメン、しかし妻は……という夫婦の妻が大変な事業家で、夫は「カネも力もなかりけり」タイプ、ということもあるものの、中にはカネの匂いが漂わない場合も。そのようなケースではたいてい、妻の気立てがすごーくよかったりして、男性は「お目が高い」などと言われる。

やっぱり女は優しさが大切なのね。……などと思いつつも、それでも容姿の「女低男高」という状態に、そこはかとない落ち着きの悪さを感じてしまう私。それはひとえに、私の中に「女は容姿が良くてなんぼ」「男は仕事ができてなんぼ」という昔ながらの固定観念があるからなのでしょう。結婚が女のカオと男のカネの交換であるならば、女は男よりも容姿レベルが高くあるべきで、男は女よりも経済レベルが高くあるべきだ、と。

無職の夫を堂々と妻が養っていたり、また内海桂子《うつみけいこ》師匠のように二十四歳下の男性と結婚したりする女性を見ると、「すごい！」と、そして「私には無理だ！」と思う私。きっと私は、いくら無職の夫が家事を全てやってくれても「とはいえ仕事をしていてほしいわー」と思うでしょうし、うんと年下の夫がどれほど若い魅力にあふれていても「自分の老化にビクビクしながら年をとるのは嫌だわー」と思うことでしょう。そして男性はしばしば、女性のことを「バカだからかわいい」と愛でるわけですが、私には「バカだから」と男性を好きになるような度量も無いのであって、固定観念を覆すということはそれほど容易ではないのだなぁと、痛感するのでした。

18 男女

第二次世界大戦が終わってから、すなわち法律上の男女平等が認められてから長い時が経っているのに、日本には男尊女卑傾向が色濃く残っているのは何故なのか。……といったことをつらつら考えているこの本。この手の問題では通常、男性側が責められやすいけれど、実は女性側の問題も少なくないのではなかろうか、という実感を、私は持っているのです。

たとえば、「男を『立てて』いた方が女はラクをしていられる」という感覚が、多くの日本女性には確実にある。家庭でも仕事でも、責任ある立場になるのは嫌だし、男女の立場をまったく平等にするなんていうのも面倒。だったら、男に従うということにしておいた方がラクだわ、という感覚を、我々は持っています。

特に若い世代において、専業主婦願望が強いと言われる昨今。我々世代は、キャリアウーマンに対する憧れも持っていたわけですが、そんな我々は、キャリアと恋愛結婚を両立できずに負け犬化。そんな我々を見て「ああはなりたくない」と焦った少し下の世代が専業主婦化を目論むも、長引く不況で専業主婦は選ばれし者しか歩むことができない道に。

そうこうしているうちにグローバリゼーションやら新自由主義やらの時代となり、就職したり働いたりするにも相当な覚悟や努力や能力が必要になってきました。ストレスフルな「まっとうな道」からこぼれ落ちれば、そこにはブラックな世界が口を開いて待っているのです。

……となった時、ゆとり教育で育った若い女性の中に、「そこまでして働きたくない」と考える人が出てくるのも、当然でしょう。「必死に働きながら子育てもする、だなんて絶対無理。専業主婦になって、家のことだけしていたい!」と思うのも、よくわかります。

彼女達は、もはや男女の平等とか同権なんてどうでもいい、と思っているに違いありません。女性に選挙権も無かった時代は、我々の先輩達が血のにじむような努力をして、男女同権を勝ち取ろうとしていました。しかし戦後、法律や制度の面では男女の平等が当たり前のものとなり、さらにはポリティカル・コレクトネスの意識も浸透。女性蔑視的な言動も、よく探さない限りは見つけられないという世の中に生まれ落ちた若者にとっては、「これ以上の平等とかって、もうどうでもいいし。面倒臭いことが増えるだけでしょう?」という感覚なのではないか。

昔の人にとっては念願だった、男女同権。しかし今、それをどれほど粗末に扱おうと大丈夫、と私達は思っています。女が選挙で棄権し続けようと、「では女から選挙権を取り上げよう」ということにはならないと知っているからであり、水と安全と同権はタダ、くらいの感覚になったのです。

真の男女平等には程遠いけれど、普通に生きていくことができるくらいの同権は揺るがない。……という確信を持つことができる今。相当な高学歴の女性でも、専業主婦願望を持つ人が増えています。しかし専業の家事従事者、すなわち稼ぐことをしない専業〝消費者〟を養うことができるほどの経済的余裕を持つ男性は減少、また妻が専業主婦であってほしいという欲求を持つ男性も減少。専業主婦というプラチナシートを求めて、女性達は壮絶な椅子取りゲームに挑まなくてはならなくなりました。

見事に専業主婦の座を射止めた人は、ですからあえての男尊女子プレイを楽しんでいるように見えるのです。夫を「主人」と呼ぶのは、「私は専業主婦なのよ」というかちどきの声。夫より三歩下がるのもプレイの一環ですし、夫を立てて自由に操縦する快感を知れば、男女平等などなんぼのもの、と思えてくることでしょう。

彼女達は高い競争率を勝ち抜いて専業主婦になることができる人ですから、もともと持っている能力も高い。姑とは上手にやっていくし、味噌は手作りして梅も干し、子供のお受験も上手にやってのけ、賢婦の誉れを手中にするのです。

専業主婦といっても、今は昔のように三界《さんがい》に家が無いわけではありません。一番風呂に入っても文句は言われないし、実家には帰り放題。夫は家事・育児を手伝ってくれるし、手の込んだ料理をＳＮＳにアップすれば、皆が「いいね！」と褒めてくれるので、やり甲斐もある。他人のお金を使って生きることにさえ慣れることができれば、同権時代の専業主婦ほど素敵な立場はありません。

職場においても、出世に対する欲求を持つ女性は、なかなか増えないようです。「出世なんかしても、大変なだけ。だったらそこそこラクな仕事で、そこそこのお給料だけもらっていた方が得」と、出世話があっても断る女性も。前述の通り、日本は女性政治家の割合が低いわけですが、ラクに生きたい女性達は政治家を目指さないことでしょう。

このように、ラクさを求めるが故に男尊女子の道を歩む女性がいる日本。そしてもう一つ、日本女性が男尊女子であり続ける要因がある気がしていて、それが「モテるため」というものです。嚙み砕いて言うならば、「男を惹きつけておくために、自らを低めざるを得ない」という事情。

自然界では、メスがオスを選ぶ立場にあることの方が多いようです。メスの気を惹くために、野生動物のオス達は、身体の一部をやけに派手にしてみたり、求愛のダンスを踊ってみたりと、アピールする。

しかし人間、特に日本人はと見てみると、女ばかりが「私を見て！　選んで！」と自らの姿形を手工芸品のように精緻に整え、男性に触手を伸ばしてもらうためのアピールに必死なのです。

男性からすれば、「そんなことはない」という意見があることでしょう。世の中にモテなくて困っている男がどれほどいることか。童貞率だってどんどん上がっているのだし、男の方が困っているのだ、と。

しかし女性達は、定職に就いていない男性や、二次元の女性にしか興味がなくて童貞であることを全く気にしないような男性からモテたいわけではありません。贅沢は言わないから、定職と普通の性欲さえあれば、もうハゲでも不細工でもいい、という感覚なのに、それでも女性達はつがい作りに苦労している。

繊細な日本の男性達は、日本女性よりも、もうずっと遠くに行ってしまっているのかもしれません。女性達は、まだ生物としての本能を身体の中に留《とど》め、「子供産みたい、セックスしたい」とゼイゼイしているのに、男性達は架空の女性との脳内まぐわいで満足することができる世界に突入しているのですから。だからこそ女性達は、残り少ない普通の男性を必死に求めているのです。

それに加えて、今は女性側に、「自分の〝売り時〟は限られている」という強い意識があります。男性であれば、四十、五十になっても自分の子供を持つことはそう困難ではないのに対して、女性の場合は年をとるごとに妊娠の確率が低下します。特に、二〇一二（平成二十四）年にＮＨＫスペシャルで「産みたいのに 産めない～卵子老化の衝撃～」が放送されておおいに話題になってからは、さらに「早く産まないと産めなくなる！」という焦燥感は深まりました。

少子化が進むところまで進み、反動として「子供がいるって実はいいことなのかも」という感覚が女性達の中で増大してきたものの、男性は「子育てを手伝うのが面倒臭い」とか「セックスとか特にしたくない」といった感覚を持っているのであり、女性の焦りには同調してくれない。かといって、日本では女性が一人で子作り・子産みを進める環境はまだ整っておらず、子供を産むためには結婚をするのが常識的な道。放っておいたらどんどん卵子は老化してしまうのに、「結婚して子供を作ってもいい」と思ってくれる希少な男性を見つけるには、どうしたらいいのだ。

……となった時、最も安全かつ簡単に見える手段が、男尊女子と化すことなのではないでしょうか。自分の意見をはっきり口にしたり、全てにおける平等を主張したり、また「私があなたをひっぱる」くらいの主権を発動したり、という女性が好きな男性もいるけれど、勝負の現場において、人は勝率の高い手段を選びたくなるもの。そうなった時、女性が伝統的な手段である「男を立てる」の方向へ走るのは、何ら不思議ではない。

いくら今時の若い男性であっても、家事を決して手伝わせない女や、料理がすこぶる上手な女が嫌いなわけではありません。その方が彼等にとってもラクなのですから。

モテるために男尊女子化する女性が一人でもいると、周囲の女性は同調していきます。無知なフリや献身的な態度に簡単になびく男性を見れば、何やら自分がとり残されてしまうようで焦りが募り、「私も」「私も」と、追随していくのです。

実際、疲れた男性に男尊女子は魅力的に見えるようです。

「あなたより私の方が稼ぎはいいんだから、もし結婚したら家事負担は完全に半分半分ね。これでも譲歩しているんだから」

などとグイグイ言ってくる女性と交際した後、そこに、

「朝早く起きて、お弁当を作るのが好きなの。もちろん夕食も手作り。家事が大好きなのね、私って」

などと言う女性がいたなら、彼女の稼ぎが多少悪くとも、ほっこりするでしょう。ですから、男女平等の高邁《こうまい》な思想を持っている女性が、「ここで私が自分を曲げて相手を立てたりしていたら、世の中の男尊女卑の連鎖は止まらないわ！」という思いのもと、交際相手に対して、

「私、結婚しても『うちの嫁が』とかって絶対に言われたくないのよね。だって嫁という字は女に家と書いて……」

などと言っていたら、嫁と言われたくてたまらない男尊女子が手作りハンバーグとともにどこからともなくやってきて、あっという間に男性をかっさらっていくことでしょ

う。

下手に平等感など漂わせていたら、モテないし結婚できないし子供も産めない。だからこそ女性達は、男尊女子と化すわけですが、そのコスプレが功を奏して見事に結婚できたとしても、男尊女子生活が終わるわけではありません。結婚生活をキープすべく、男尊女子のフリは続くのです。

私の友人でも、フルタイムでハードな仕事をしながら、家事も子育てもほぼ自分が担っている女性は、少なくありません。

「だって負担を求めたら、相手が嫌がるのは目に見えてる。私さえ我慢すれば波風を立てずに済むのかと思うと……」

と、彼女達はやつれ果てながら全てを背負いこむのです。そしてそのストレスによって次第に妻達は夫に対して、「死んでくれないかな……」という思いを募らせることになる、と。

つがい形成市場において、それほどまでに男性は女性に対して優位に立っているのか、という疑問はありましょう。しかし私は、子殺しのニュースを見る度に、女の立場の弱さを感じずにはいられないのです。

幼い子供が家庭内で虐待されたり殺されたりするニュースがしばしばありますが、実の親が手を下す、というケースは少ない。母親側の連れ子を、その再婚相手や内縁の夫が虐待したり殺してしまったり、というケースが目立ちます。時には、実の母親が虐待に加担している場合もあるのですが、彼女達は一様に、夫もしくは内縁の夫に「嫌われたくなかったから」と言うのでした。

自分の子供が今の夫になつかない→今の夫に嫌われてつがいを解消したくない→虐待を黙認・加担、ということなのでしょう。

実の子供を守ることよりも、「つがいをキープする」ことの方を選んでしまう、彼女達。そんな女性を見ると、今の時代に女性が相手を見つけ、そしてつなぎとめることの困難さを感じずにはいられません。男をつなぎとめるために自らの子供を犠牲にするというのは、最も悲惨な男尊女子の現れ方なのではないか。

その手の事件は、比較的若くして子供を産んだ人達の周囲で起こりがちなので、彼女達の中に未成熟な部分も、もちろんあろうかとは思います。しかし「この相手が離れていってしまったら」と思うあまり子への愛から目を背けてしまう女性達を、「未成熟な人がしたこと」と、私達は突き放すことができるのでしょうか。

彼女達の中の自信の無さは、多くの日本女性にも見られるものです。あるがままの姿でいても男性から愛されるという自信を日本の女性が持つことができる日は、果たして来るのかどうか。

海外旅行などに行って、様々な国の人を眺めていると、自分を含めて日本女性というのは、どうも自信なげに見えるものです。言葉ができないという不安もありますが、横断歩道一つ渡るにも、買い物一つするにも、常におどおどし、曖昧な微笑を浮かべ続ける。

昨今日本にたくさん来ている中国の人達は、姿形は我々と似ていても、その自信の持ちっぷりが我々とは全く違います。我々が、自国にいる時さえも「自分は間違っているのかもしれない」と遠慮する準備を常に整えているのに対して、彼女達は異国にあっても「間違っているはずがない」と、自分を押し出すのです。善し悪しはわかりませんが、いざとなった時に、我々はいかんせん弱いのではないか。

日本女性の自信の無さには、良い面もあるのでしょう。自分のことよりも相手を尊重することは、得意技。しかしそれは同時に、自分の意思を持つという責任を放棄し、少し強いものがやってきたらすぐに支配されるということでもある。

我々の自信の無さは、歴史から来るものなのか、教育から来るものなのか。いずれにしても、相手を尊重しつつ自分を強く持つことも我々にはできるはずで、そうした時に初めて、日本人の幸福な男女関係は成立するのではないかという気がします。

19 女子

「女子会」という言葉が流行語大賞のトップ10入りしたのは二〇一〇（平成二十二）年のこと。その数年前から、「女子会」という言葉はよく使用されていましたし、「女子力」という言葉も口端《くちは》にのぼるように。

流行語の火種というのは、往々にしてかなり前からちょろちょろと燃えているもの。私が現在のような意味合いで「女子」という言葉が使用されるのを耳にした最初は、バブル崩壊後、すなわち一九九五（平成七）年前後のことでした。美女が多いことで有名な都心の女子校出身の美女が言っていて、「新しい！」と思ったことを覚えています。

「女子」とは何か。……と考えてみますと、女を表す言葉であることは確かなのですが、「女」の「子」ということで、「若い」という意味合いがそこには含まれます。女子高生、女子大生は、まず確実に若い。女子アナウンサーとは言っても女子作家とは言われないのは、女子アナは三十歳定年説が言われるような職業であるのに対して、作家は九十代でも現役でいられる職業であるからでしょう。「女子社員」「女子行員」といった言葉は、

「女は、結婚したら仕事を辞めるもの」とされていた時代の名残《なごり》ではないか。若い女、を示すものと思われる「女子」。それが今や、中高年でも、

「女子会しましょうよ」

などと口にできるようになってきたのは、それが流行り言葉だからという背景があります。「女子」という言葉が男女の間にライトな仕切りを作ってくれる感覚が、年齢を問わず心地よく感じられるからこそ、この言葉は流行ったのではないか。

「女子」「男子」はそもそも、小学生くらいの頃から頻用されるようになるものです。幼稚園時代は、まだモヤモヤしていた男女の境。しかし小学生にもなると次第に性差がはっきりしてきて、

「男子はちゃんと掃除してよね！」

「うるせぇんだよ女子は！」

などと、男と女とでカテゴライズされるようになってくる。長ずるにつれ、更衣室が女子と男子で分離されたり、女子校と男子校に進学したり、女子テニス部と男子テニス部が別になったりと、女子界と男子界は峻《しゅん》別《べつ》されるようになってくるのです。

我々日本人は、心のどこかで女子界と男子界が分かれていることに居心地の良さを感じるようです。年末の一大行事は、男女が袂《たもと》を分かって歌の優劣を競う「紅白歌合戦」。新橋の居酒屋には男しかいないし、港区のイタリアンのランチタイムは女しかいない。

そしてそれぞれが、「女房と飲んでもなー」とか「夫とここには来たくない」と、思っている。何でも夫婦一緒に、という欧米のようなカップル文化が日本になくて本当によかった、と思っている人が多いものです。

カップル文化が無いからこそ女子会はこれほど盛んであるわけですが、そもそも日本には、男女別文化とでも言うべき土壌があります。儒教の影響というやつなのでしょう、席を同じゅうしなかったり三歩下がったりと、男女はいつも離れて位置していた。男女が密着するのは、生殖活動の時くらいと思われます。

ガイジンや帰国子女は、友達同士でもハグや挨拶のチューをしますが、在国日本人にとっては、あの手の行為はどうも苦手。密着していいのは性愛の対象だけ、という感覚があるので、大人になってからは親子間のハグも行われなくなるのです。

前にも記しましたが、そもそも、我が国で男女が席を同じゅうするようになったのは、第二次世界大戦後。それまで共学は基本的に禁止でした。女性が男性並みの権利を得たのも同じ時ですから、日本はまだ七十年ほどしか、男女が肩を並べて生きるという歴史を持っていません。何かというとすぐ女子だけ／男子だけで固まりがちなのは、先祖からの習い性ではないか。

私の中にも、その手の感覚がおおいに存在しています。性愛の相手としては男性を選びますが、その他の部分ではどうしても同性に吸い寄せられていく自分がいる。ずっと

男性と一緒に行動していたならば、女子だけで、

「わかるー」

「ねー」

「そうそう」

と共感ワードをキャッチボールする時間が、猛烈に恋しくなってくるのです。

同性のみの場は、日本人にとっての故郷のようなもの。地域の婦人会、男だけの飲み会……といった催しは、貴重な息抜きの場です。

ですから「女子」という言葉は、男子との間に立てる、ちょうど良い仕切りとなってくれるのでした。

「男性はご遠慮ください」

と言うと角が立ちますが、

「今日は女子会なんで〜」

と言えば丸く収まる。それは壁と言うほど頑強ではなく、せいぜい移動可能なパーティションという感じ。「世の中には男と女がいることは承知していますが、とはいえ日本人なもので、同性同士でいる時間も大切。ちょっと入ってこないでくださいね」という意味合いを込めて、女子会は開催されるのではないか。

女子会、女子力、○○女子……。女子という言い方は既に定着していますが、しかし

「女子」に対する非難の声があるのもまた事実。

「女子会プランとかって優遇されるのに対して、男同士には何の優遇策もない」

とか、

「『大人女子』だの何だの、いったい何歳まで自分のことを女子呼ばわりしているのだ。年を自覚しろ」

といったものは、男性からの意見。ま、女子会プラン云々というのは、今まで長らく日本全体が〝男子会プラン〟しかなかったような国だったわけで、少しは見逃していただきたいところ。そして、いい年をした大人が「女子」を使用する場合は、本人達も「女子」の後に目には見えねど「(笑)」を付けているということを、ぜひ読みとっていただきたい。

女性の平均寿命が九十歳にならんとする日本においては、女子感覚を抱き続ける年齢はどんどん延びています。が、かわいいものや楽しいことが好きという女子感覚をいくつになっても持ち続ける女性が増えるというのは、社会を明るくするためにも良いこと。そろそろ〝老女子〟や〝銀女子〟のための雑誌も創刊されるのではないでしょうか。

そんな「女子」をとりまく世界の中で、最も毀誉褒貶《きよほうへん》が激しい言葉が「女子力」です。たとえば電通において、入社したばかりの女性社員が過労の末に自殺したという事件において、上司から「女子力がない」などと言われていた、という報道がなされました。

仕事のクオリティーも女子力のクオリティーも同時に満たせ、というのは無理。ひどいセクハラだ……。ということで、「女子力」はセクハラワードとしても有名になったのです。

もともと女子力という言葉は、女子達の間では常に、「(笑)」付きで使用されていたものだったように思います。

「タオルハンカチってさ、明らかに女子力低いけど、でも吸水力を考えると使っちゃうよねー」

「だねー」

というような感じで。

「あー、女子力上げたい」

と言う人は明らかにウケ狙いだったたし、

「○○ちゃんは、女子力高いからねー」

というのは、揶揄半分であることを女子の皆さんは理解していたのです。

女子の間では、このように一種のお笑いワードとして流通していた、「女子力」。しかしその微妙な感覚を理解しないまま、男性達は目新しいからかい言語として「女子力」を受け止めました。

「女のくせにそんなこともできないのか」

「そんなんじゃ嫁にいけないぞ」

といった、既にNGワードとなってしまったセクハラフレーズの代わりに、

「お前、女子力低いなー」

が機能することとなったのです。

電通事件の後、「女子力低い」も、企業のセクハラ用語辞典には掲載されることになったかと思いますが、そもそもこの手の用語は自虐用。私もかつて、結婚していない三十代以上の女性のことを負け犬云々と記したことがありましたが、それもやはり自虐用語として書いたつもりでした。それが、

「君みたいな人のこと、今は負け犬って言うんだって？」

などと、無邪気な男性上司が部下の女性に言ったりする事態が続発。世の独身女性の皆様に、たいへんなご迷惑をおかけしたものです。女の玩具《がんぐ》だと思っていた言語が男性の手に渡るとやっかいなことになる、ということを私はそこで知りました。

そもそも女子力とは何なのかと考えてみますと、ざっくり言うなら「女性性」。それも当然ながら、底意地が悪いとか陰口を言いがちといった、負の女性性ではありません。良い意味での女性性、それも対男性という意味合いにおいて「効く」女性性を、女子力と言いがちです。

ゆるふわ髪。スカートに肌色ストッキングにパンプス。料理上手で気配り上手。ちょ

っとしたドジや無知の演出。……そんな感じの人が、女子力が高いと言われがち。

しかし何せ元は自虐用語ですので、「女子力」という言葉の主な使い手は、女子力が高い女性ではなく、低い方の女性です。高女子力女子は、

「はい、モテるために女子力をできる限り高めたいと、日々努力しています」

とは決して言わず、「普通にしているだけです」という顔で、複雑なゆるふわヘアをキープしている。高女子力女子のポリシーは、言うならば「不言実行」です。

一方、女子力が低い女子達は、「自然に、ラクに生きていたらこうなった」というタイプ。それではモテないかもしれないけれど、モテのために嫌いな肌色ストッキングをはきたくはない。低女子力の女子達は、高女子力の女子が、丁寧に髪を巻いたり、あってもなくてもいいようなリボンを巻いたり外したりするのを見て、「よくやるねー」の代わりとして、

「女子力高いねー」

と言っているのです。

前に、ルミネのCM映像が話題になりました。ボーダーのカットソー（注・ボーダーはモテない服とされている）にパンツ、紐靴《ひもぐつ》にリュックという格好の若い女性が出勤途中、上司とおぼしき男性に、

「なんか顔疲れてんなぁ、残業?」

と聞かれます。「普通に寝ましたけど」と答えると、

「寝てそれ？」

と言われる。

社屋に入ると、ゆるふわの巻き髪＆スカートの女の子が「おはようございます」と挨拶してきて、男性は、

「やっぱかわいいなぁ、あの子」

とつぶやきます。その後、微妙な表情を見せるボーダー女子に男性は、

「大丈夫だよ、吉野とは需要が違うんだから」

と言うのでした。ボーダー女子の名前はどうやら、吉野さん。直後に文字で「需要」についての説明があり、「この場合、『単なる仕事仲間』であり『職場の華』ではないという揶揄。」と記されるのでした。そして、「最近、サボってた？」という吉野さんの心の声と、「変わりたい？　変わらなきゃ」というルミネからの声。

女性蔑視ということで炎上し、謝罪とともに引き下げられたこの映像。女子力という言葉こそ使用されていませんが、明らかに吉野さんは低女子力女子の象徴として、そしてゆるふわヘアの女性は高女子力女子の象徴として描かれています。低女子力女子は仕事をきちんとしていても女子力が高くないと「揶揄」されるし、高女子力女子はたとえ仕事をちゃんとしていても「職場の華」でしかない。……ということで、どちら側の女

性もあまり好感は抱かなかったであろうこの映像。

「職場の華」って今も使用されているんだ……と私は思ったのですが、ルミネがこのような映像を世に出してしまった気持ちも、少しわかる気がします。デフレ時代以降、安くて良い服はたくさんあるし、バブルの時のように無理してお洒落をする人も少なくなった今。安くて、ラクで、そこそこお洒落……程度の服で満足できる低女子力女子が増えていったら、女性向けファッションビルであるルミネは立ち行かなくなる。

「女子力を上げろ！　そのためにお金を使え！」

と、言いたかったのでしょう。

亭主関白な男性が激減した時代に「関白宣言」（さだまさし）という歌が流行ったように、いわゆる「女性らしさ」を女性が当たり前に持つ時代ではなくなったからこそ、「女子力」という言葉は流行っているのだと私は思います。今となっては、女子力を当たり前のように身につけている人は珍しい。あえて努力しないと女性性は高まらないのだ、という自覚が深まった上で使用されるのが「女子力」なのです。

女子力をアップするということは、女が女装するということです。それは、他者から「女子である」と認めてもらうための行為であり、SNSに手料理の数々をアップするのも、「こんなに料理上手な私」を認めてもらいたいがため……。

しかし、女の席に押し込められているしかなかった時代と比べれば、「女子」というパーティションを好きなように立てたり外したりすることができる時代の方が、幸せというものなのでしょう。男子であっても自由に女子力を高めることができる今は、そう悪くない時代なのではないかと私は思います。

20 守られる

　旅先で、台風直撃。することがないので、久しぶりに黒澤明監督「七人の侍」のDVDを観《み》ました。野武士の襲撃を受けて困窮する、とある村。野武士がまた略奪にやってくることを知った農民達はなす術を持たないのですが、長老が武士を雇って村を守ることを提案。七人の侍をスカウトし……という、お馴染みのストーリーです。三船敏郎をはじめ、村に集まったのは個性豊かな侍達。やがて野武士が村にやってくるや、彼らは表情を一変させ、おっとり刀で持ち場へと走って行きます。リーダー役の志村喬《たかし》は何とも頼もしいし、宮口精二が演じる凄腕《すごうで》の剣客は格好いい。

　その姿を見て私は、

「男だ……」

と、ジーンとしておりました。そして、「こういう男を支え、こういう男から守られて生きるっていうのが、もしかすると女の本当の幸せってものなのかも?」という気分が湧いてきたのです。

中年期以降の私の中では、このように強い男、頼もしい男に対してグッとくる傾向がとみに強くなってきました。男から「守られる」ということに対する甘い夢想が、今さらながら膨らんできた、というか。

おそらくそれは、年齢のせいなのでしょう。かつては、「男も女も同じ人間！　どちらが主でどちらが従なんてこともナシ！」とギンギンに思っていましたが、人生も後半になってくると、「あちらが主でこちらが従ということにしておいて世の中が丸く収まるのであれば、それはそれでいいのかもね」くらいのことを思う時がある。いちいちキーキーと思う体力・気力が無くなってきたのかもしれませんが。

世の中には、男尊女卑思想を今も堅持している人が確実に存在します。男が尊で女が卑、とまではいかなくとも、

「女は子を産み育て、家を守るのが本来の仕事。外で働く必要など無い」

と、性役割分担をきっちり守りたい人が、男女を問わずいるのです。

昔は、その手の人達のことを「は？」と、びっくり仰天して見ていた私。それは、原始人が現代日本に生きているのを発見したくらいの驚きでした。

しかし最近は、「そういう風に思う人がいるのも、わかる」くらいの感覚になってきたのです。「世の中には、色々な意見を持つ人がいる」ということを知った、のみならず、「男は外で働いて、女は家で家事育児」というケースが一つの落ち着きやすい形で

あることも事実であろうと思う。「『主婦』も立派な仕事です！」という意見に対しては、「確かにそうだ」と思いますし、主婦の苦労も理解できます。そして専業主婦に育てられた私は、キャリアウーマンの母親を持つ子供が一人でコンビニのごはんを食べる、といった図を見るとつい、「可哀想」などと思ってしまう人間でもあるのですから。

「七人の侍」を観て私がジーンとしたのは、時代のせいもあります。今の日本は、戦争や内紛と無縁でいられる、一応は平和な世の中。男が女を守らなくてはならないような場面は、日常生活ではなかなか見られません。

平和な時、男女の差は目立ちにくいものです。機械化が進み、家庭の中でも男しかできない力仕事はそうそう無い。昔は、ちょっと硬くなったのし餅を切る時など、

「やっぱりお父さんでなくっちゃあ」

ということがありましたが（東日本限定ネタ）、今や餅つきをする家も減り、餅は個別パックをスーパーで買えばいいので、お父さんの出番は無し。

工事現場やマグロ釣り漁船等、本当に筋力が必要な仕事の場合は、男しか従事していないこともあります。が、全体的に見れば男性も女性も様々な職業に進出し、男しか／女しかできない、ということは、減ってきました。

当然、弱者を守るということも、男だけができることではなくなっています。女世帯であっても、家はセコムが守ってくれる。女の一人歩き時、イザということがあったら

スタンガン。様々なサービスやテクノロジーが発達し、「自己責任」流行りの今、「男に守ってもらおう」などと思っている女性は少数派ではないか。

そんな平和な日本にもやってくるのは、災害です。大きな地震の時など、男性の「力」は、やはり頼りにされるところ。東日本大震災の被災地に住む人達に話を聞いたところ、震災時、父親なり夫なり男性上司なりが頼もしさを発揮して尊敬が増した、ということもあった模様です。

とはいえ、全ての男性が頼もしかったわけではありませんでした。東京在住の私の知人は、当時交際していた彼が、原発事故直後から自分のマンションにしっかりと目張りをして引きこもり、彼女と一切会わなくなったのを見て、「嫌気がさした」とのこと。

被災地の知人も、

「震災の後は、普段は偉そうにしている男性がパニックになってしまったり、我先に支援物資を手に入れようとしたり、避難所で皆が働いているのにボーッとテレビを見ているだけだったり。その人の地金が出た、というところがあったな……。震災時に頼りにならなかったことが尾を引いて、結局震災後に離婚した人もいれば、彼の意外な頼もしさを知って、震災後に結婚した人もいる」

と言っていましたっけ。震災という「イザ」の時に男性がどう動いたかによって、カップルの命運は左右されたようです。

第二次世界大戦後、基本的には平和な日本。男も女も、「イザ」という事態には慣れていません。「七人の侍」のように、イザという時に全員がおっとり刀、というわけにはいかないのが現代人。ま、「七人の侍」の場合にはおっとり刀が仕事でもあったものの、「イザ」慣れしていない世の中で、男性から守られた経験も無く生きている私だからこそ、その姿に「男だ……」と感動したのでしょう。

少し前、「壁ドン」という行為がブームになりました。あれも「男性から積極的に迫られる」ということを経験したことがない若い女性達が、妄想の中で生み出した男らしさだったわけですが、若い女性が壁ドンに憧れるのと、私が「七人の侍」に憧れるのには、通底するものがあるのかも。

男が女を守らざるをえない世の中だったら、私は積極的に、性別役割分担に身を任せていたのでしょう。たとえばもしも私が第二次世界大戦中に生きていて、夫が出征することになったなら、秘蔵の砂糖で汁粉を作り、ありったけの白米を炊いて、自分は食べずに夫に食べさせたでしょう。夫が戦地から戻ってきたなら一番風呂に入れ、おかずも一品どころか何品も多くつけたに違いない。

「いえ、男も女も変わりませんから、私も同じものを食べる権利があるのでは？　いや、ナンなら私も戦地で戦いますけど？」

などとは言わずに銃後の妻として家を守り、国が言うことをちゃんときいて、十人くらい子供を産んでいたかもしれないのです。

しかし日本は戦争に負け、男女平等がアメリカからもたらされました。昭和元禄《げんろく》の世に生を受けた私は、産めとも殖やせとも言われることなく、男女平等という原則のみを信じて今に至った。

法律が変わったからといって、急に男女が対等な世の中になるわけではありません。延々と続いてきた「男の方が偉くて当然」という感覚を、男性が急に捨てられるわけはない。同じように女性の側も、急に男と同等になれるはずもなく、男尊女子でいた方が落ち着くしラクだし、といった感覚は今も残り続けています。

槍《やり》も爆弾も飛んでこない社会では、むしろ女が男を守る機会の方が多いような気がする私。食生活に気を配って生活習慣病にならないようにしたり、酒やギャンブルやゲームにはまらないよう気をつけたりと、地味な行為ながら、女に守られている男は多いのではないか。

そのような世の中であるからこそ、「男を立てる」という行為の必要性は増しているのだと思います。戦争中であれば、刀や銃を持って戦っている男は、否応《いやおう》なしに「立って」いた。しかし立つ機会など滅多に無い世では、女達があえて男を立てて、「あなたは強い」と思い起こさせなくてはならなくなったのではないか。

日本に限らず多くの国が、かつては男尊女卑だったけれど、次第に平等化の道を歩むようになっています。男尊女卑の程度の差や、日本のように敗戦によって激変したのか、少しずつ変わってきたのかなどの違いはあれど、人権意識の高まりとともに男女の平等化が進むのが、世界の趨勢《すうせい》。

そんな中で確かに存在するのは、「男は主、女は従」論者の人達です。その手の人達は、このままでは男は弱体化し、女は子を産まなくなって日本が弱体化するから、古き良き時代に時計の針を戻すべき、と考えるわけですが、世の流れを見れば、そんなことは今さら不可能でしょうよ……と思う私。

しかし、たとえばイラン。一九七〇年代末のイラン革命前は親アメリカ的な政治が行われていたのが、イスラム原理主義者達による革命後は、ガチガチのイスラム教国家に。革命前は、イランの女性達は自由に生き、他の民主主義国家に比べても社会進出等の面で進んでいたのが、革命後は髪や肌を露出させないようベールの着用が義務づけられるなど、イスラム教に基づく様々な制限を受けることになりました。

『テヘランでロリータを読む』（アーザル・ナフィーシー　白水社）というイラン出身の女性英文学者が書いた本には、そんなイラン革命後の女性達の姿が描かれています。自由を奪われた生活に息苦しさを感じ続ける著者は、女子学生達を密かに集めて、『ロリータ』『グレート・ギャッツビー』等、当時のイランでは禁じられていた西洋の小説を読む読書会を始めるのです。

小説のみならず、西洋的なものは全て、反イスラム的ということで禁止。化粧もアクセサリーも、女性らしさが感じられる行為も、全て禁止。女性が結婚できる年齢は九歳に引き下げられる。家族以外の男性と歩くことも駄目。女子学生が大学で走ったり、大笑いすることすら、見咎《みとが》められる。

……この本に記されたそんな状況を読んで私は、「時計は、戻そうと思ったら、戻すことができる」ということを知りました。一九五〇年頃に生まれた著者の世代は、若い頃は仕事もファッションも自分で選択することができたのが、その娘の世代は、ベールを身につけずに外に出たことがないのです。やがて著者は、「イスラーム共和国に生きるのは、虫酸が走るほどいやな男とセックスするようなもの」との思いに耐えられなくなり、アメリカへと移り住むことになります。

そして私は、日本が昔のような時代に戻ったなら、と考えるのです。日本の女性も、昔はイスラムの女性と似たようなものでした。結婚前にセックスなどしたら、傷物扱い。家族以外の異性と外を歩くなど、とんでもない。親の決めた相手と結婚し、嫁《か》したなら婚家の奴隷のように働く……。

そう考えますと、やはり「時を戻すのは嫌だ！」との思いが強くなるのです。外で働いてお金を稼ぐことはしなくてもよいかもしれないけれど、その代償は大きすぎる。どちらかが主でどちらかが従、と決まった瞬間、「従」の側にも心というものがあることを忘れてしまう「主」は、たくさんいるのですから。

本当の男女平等など成立するのか、という話もありましょう。男と女は異なる性なのであり、それぞれ生きる道は違うのではないか、と。

また主と従とをきちんと決めた縦社会の方が、管理が容易であることも、明らかです。軍隊が厳しい縦社会であるのは、その方が強い組織をつくることができるから。「軍人、皆平等」などと言っていたら、「突撃！」と言われた瞬間に兵隊が散り散りに逃げ出す弱小軍になってしまうことでしょう。

家庭でも会社でも、「皆、平等」というシステムよりも、大将役を決めて後の人は絶対服従にした方が、組織運営はラク。大将以外の人々も、従ってさえいれば他のことは考えずに済むのです。

しかしこと男女に関して言えば、男女は対等であるという道を選んだ私達は、間違えたり悩んだりしながらも、その道を模索していくしかないのだと思います。真の平等にたどりつくのは不可能かもしれないしとても面倒臭そうだけれど、それを探し求めてうろうろし続けることが、時計の針を元に戻さないための手段だと思うから。

どちらかがどちらかに従わなくてはならない、という不文律が存在することが、私達にとっては気持ちが悪いのです。そして従わない自由が欲しい、と思う人がいるということは、従う自由があっていいということでもある。

「私は〝主人〟に従っていきます」

という主婦も、それはそれで生きる道。反対に、妻が〝主人〟となって夫が従う、というカップルもいることでしょう。関係性の安定を求めて〝主人プレイ〟をするのもまた自由であると同時に、主従関係をさしはさまずにヤジロベエのように揺れ動くカップルの存在も、また自由。様々なカップルや家族のあり方が認められるようになった時、日本人が長年抱き続けてきた男尊女卑感覚から、自由になる時も来るのではないでしょうか。

強いサムライを支え、守られつつ生きていくのは素敵な気はします。が、どちらかがどちらかを一方的に「守る」ことが必要な時代は、おそらく不幸な時代。互いが互いを「助ける」くらいで生きていくことができる、平和な世の中が続いてほしいものだと思います。

おわりに

「夫は外で働き、妻は家庭を守るべきである」

という考えに賛成か反対か、という調査を、内閣府が行っています。「女性の活躍推進に関する世論調査」の中の一つが、この質問。

一九七九（昭和五十四）年の時点では、七割を超える人が、この考え方に「賛成」でした。夫は外で妻は内、というのが当時の夫婦の、一般的なあり方だったのです。

その後、「賛成」の人は徐々に減っていきます。外で働く女性が増えるにつれ、「妻は家庭を守るべき」という考え方は、古いものになっていった模様。

とはいえ「賛成」の減少ペースには、男女差があります。女性の「賛成」パーセンテージが急激に下がっていったのに対して、男性の方は緩やか。すなわち、女性は「外で働きたい。家庭を守るだけじゃ嫌」と思うようになっていったのに対して、男性側は「やっぱり、奥さんには家庭を守っていてほしい」という気持ちを捨てきれなかったのです。

二〇〇九（平成二十一）年になると、女性は三十七・三％が賛成、五十八・六％が反対に。男性は、四十五・八％が賛成、五十一・一％が反対ということで、男女ともに「反対」の人の方が多くなりました。

が、しかし。次に調査された二〇一二（平成二十四）年に、異変が起こります。ずっと減り続けていた「賛成」が激増、そしてずっと増え続けていた「反対」が激減、女性では賛成と反対がほぼ半々になり、また男性では賛成が五十五・二％、反対が四十一・〇％と、再び賛成が多数に。

なぜこのような現象が起こったのかというと、調査の直前に発生した東日本大震災が理由の一つではないかと言われています。震災の時に注目されたのは、家族というもの。非常事態になった時に、伝統的な男女のあり方が再注目されたのでしょう。

その次、二〇一四（平成二十六）年の調査では、男女ともに「賛成」が増加したものの、男性の場合は「賛成」「反対」が拮抗状態。女性は「反対」がかろうじて半数越え、「賛成」が四十三％を超えています。

震災の影響があるにせよ、四割以上の女性が「自分達は、家庭を守る『べき』性なのだ」と思っている、ということは注目に値しましょう。バブルの時代までは、「女性の時代」「キャリアウーマン・ブーム」などと言われ、専業主婦が格好悪いかのような気運もありました。が、女性が男性社会で働くことはそう簡単ではなく、仕事に熱中しているうちに、ハタと気づけば婚期&産期を逸する、といった人も激増。「結婚も出産もしたい。自分がボロボロになってまで、仕事と家庭の両立もしたくない」ということで、専業主婦願望を持つ女性は存在感を増してきたのです。

今、専業主婦は特権階級です。妻子を養うだけの稼ぎを持つ夫を得られるのは、少数派。憧れの座・専業主婦を目指して、若い女性はしのぎを削っています。

「女が家庭を守る『べき』かどうかなんて、どうでもいい。とにかく若いうちに専業主婦になりたーい。で、子育てに思いっきり手間をかけて、手作りお菓子とかをインスタにアップして皆に褒められたーい!」

と、若い後輩女子も言っていましたっけ。

芸能人の動向を見ていても、その傾向を感じます。何らかのスキャンダルをきっかけに芸能界引退宣言をする人が最近は多いのですが、堀北真希さんの場合は出産後に、

「このあたたかで、かけがえのない幸せを全力で守っていきたい」

ということで、引退を発表されていました。

結婚しても、ママになっても芸能人を続ける女性が多い中で、この手の引退宣言は久しぶり。もしや山口百恵さん以来では……? と気になって芸能人ブログを色々と見ていると、よく知らない女性芸能人も、結婚や妊娠を機として、

「引退させていただきます」

などと書いているのを発見しました。ママタレ過多の反動なのかもしれませんが、芸能界を引退&専業主婦宣言は、ちょっとしたブームらしいのです。

「引退」は本来、選ばれた人だけに許された行為。堀北真希さんならわかるけれど、それほど売れていない芸能人はわざわざ引退宣言しなくとも、自然にフェイドアウトすればいいのでは?……と思った私。しかし専業主婦が憧れの存在になっているからこそ、

「引退して、専業主婦になります!」

と宣言することは、一つの誇りになるのでしょう。

堀北さんの場合、俳優として夫よりも堀北さんの方がメジャー感があったため、あえて自分の職を断つことによって「妻の方が上」という状況を無くす、という意味合いもあったのかも。……と、邪推をしてみるわけですが、それにしても「引退がおしゃれ」という空気が漂う世に、時の流れを感じずにいられません。

山口百恵さんが引退をした時、世間はおおいに驚きました。まだ女性は寿退職する人が多い時代だったとはいえ、人気絶頂の時に引退という手段に出た百恵ちゃんというアイドルに対して、三島由紀夫が切腹という古典的手法で人生から引退したことを思い起こした人もいたのではないか。

百恵さんの引退は、彼女にとってそれ以外に道は無かったのだな、と思わせるものでした。対して昨今の女性の引退は、数多《あまた》ある選択肢の中の一つであり、またファッショ

ンとしての引退、という感じも。「女性が皆、働いている時代だからこそ、あえて引退を宣言するのも素敵かも」という感じがします。

百恵さんは、引退以来現在に至るまで、復帰の気配を全く見せませんでした。が、選択の一つとしての引退をした昨今の女性達は、この先に「やっぱり」と復帰することもおおいにあり得ましょう。しかしその時、引退撤回が非難されることはない気がします。

立派な仕事をしていながら、結婚や出産であっさり引退する昨今の女性に対して、男女同権を目指して戦ってきた女性達は、現世でそして泉下《せんか》で、イライラした思いを持つかもしれません。しかし今は、あえての男尊女子的な生き方もまた、自由に選択できる世の中なのです。「妻は家庭を守る『べき』」という主義のもとに引退するのではなく、家事や子育てが自分にとっては本分だと思い、また自分が働かなくとも養ってくれる収入を持つ夫と結婚することができたから、彼女達は引退を選んだ。

もはや、男女は「べき」で縛ることができない世の中となりました。男が上で女が下であるべき、と思っていた人たちは、女性が様々な分野でのしてきた時に、「女のくせに」と怒りをあらわにしました。しかし人間皆平等、どのような人であっても上とか下で考えてはいけない現代にあって、男尊女卑は御法度《ごはっと》です。

御法度を知りつつ、嗜好品としての男尊女卑思想に身を任せることに快感を覚える男女は、今もいるのです。その人達は、嫁と呼ばれたり主人と呼ぶことを強制されているのではなく、選択してそうしている。

「みんな違って、みんないい」の今、その人達の存在は否定しない私。しかし自分がそうだからといって他者もそうあるべき、とは考えないでほしいとも思います。煙草でもお酒でも、嗜好品というのは同好の士同士で楽しむ分には全く構わないけれど、副流煙が漂ってくるのも、酔っ払いに絡まれるのも、嗜好品をたしなまない者にとっては迷惑なこと。嗜好品はあくまでも自分達だけで楽しんでほしいのです。

そして私も、自分が働いているからといって、「女も必ず経済力を持つべき」などと思ってはならないのでしょう。男尊女卑にはムッとする私ではあるけれど、自分の中にも「男は頼もしくあるべき」とか「女は美しくあるべき」とか、色々な固定観念による「べき」が存在していて、そんな「べき」を不快に感じる人もいるのですから。

私の中には、男尊女子成分は確実に存在しています。本書を書く中でしみじみ感じたのは、自分内男尊女子を完全に消す勇気を私は持っていない、ということ。男尊女卑にプンスカしながらも、何かというと男尊女子の影に逃げ込もうとする自分がいるのです。

私は一生、この矛盾を抱えて生きていくのだと思います。そしてこの矛盾は、現代を生きる女性の多くに、存在しているものなのではないか。

未来の女性がこの本を読んだなら、

「男尊女卑も男尊女子も、どうもよくわからないんだけど?」

と、ポカンとするに違いありません。が、そんな時代がいつか来たならば、男尊女卑の時代につらい思いをした女性達にとっても、また矛盾に悩みつつ生きた女性にとっても、本望なのだと私は思います。

最後になりましたが、文庫版の刊行にあたっては、装丁のアルビレオさん、装画の大塚文香さん、集英社の栗原清香さんにたいへんお世話になりました。最後まで読んでくださった皆様へとともに、御礼を申し上げます。

酒井順子

解　説

山内マリコ

その言葉をわたしが知ったのは、小学四年生のときだった。

担任の先生が突然でかでかと、黒板の真ん中にこう書いた。

男尊女卑——。

字面から漂うただごとでない不穏さと、先生から放たれる静かな怒気。先生は大学出たての若い女性だった。一九八九年〜一九九〇年ごろのこと、当時二十四歳くらいだろうか。

クラスのみんなは担任の先生が若い女性であることを無条件で喜んだ。けれど、若く、女性である彼女は、職員室でどのように扱われていたのか。親たちは彼女のことをどう見ていたのか。しかもそこは、片田舎の公立小学校だ。あの男尊女卑の文字は、あまりに酷《ひど》い性差別を味わった末に彼女が、ついに〝声をあげた〟瞬間だったんだろうことが、今ならわかる。

先生はわたしたちの方をふり向くと、その言葉の説明をはじめた。男の人が「上」で、女の人を「下」とすること——そしてこの世界は、男尊女卑の考え方でできているのです、というようなことを言っていた気がする。先生が口にした一字一句を覚えているわけではないけれど、ともあれわたしはその日はじめて、世の中は、男の方が女より上ということになっているのだと知った。これは衝撃だった。十歳のわたしは、自分がよもや男子より下の存在だとは、毛ほども思っていなかったのである。

戦前と違って、子供が置屋に売り飛ばされることも、女だからと学校に行かせてもらえぬこともない、一見すると男女が平等な世の中で育った。だから十歳のわたしは、この世界が性別で分断され、自分は冷遇されている側なのだとは、夢にも思わなかったわけだ。現代において男女差別を語るなら、まずそこからはじめなくてはいけない。なにしろタテマエ上は「ない」ことになっているのだから。「ある」ことを認めると都合が悪い人は「ない」と言い張る。あからさまな男尊女卑の態度は、たしかに「珍しい事象」になっている。

本書『男尊女子』は、それでもなお、世の中に満遍なくはびこる男尊女卑の、とりわけ女性側の意識を考察した一冊だ。男尊女卑というとどうしても、女を下に見る男性側をくさしてやりたくなってしまうが、本書ではその逆、男を上に見る女性側を俎上《そじょう》にのせる。これは本当に慧眼《けいがん》で、そのことによって共依存ないし共犯関係めいた、日本の男女の深奥がつまびらかにされるのだった。

すこぶるシャープな分析ながら、筆致は絶妙にマイルド。そしてそんな女性たちを「男尊女子」とするネーミングセンス……さすがは酒井順子さん！　二十のテーマから、歴史や文化、流行、世代間の意識の違いなどを網羅した『男尊女子』は、「現代日本人」をめぐる卓越したジェンダー論である。

恋愛及び結婚市場で男性に〝選ばれる〟ために、自分を偽らざるをえない日本女性。なにしろ「傷つきやすい日本男児にハードルを跳ばせるには、自らを低いハードルだと見せかけなくてはならない」のだ。自分らしさを殺し、〝かわいい〟の皮をかぶり、愛されようともがく。優秀であればあるほど、男性から選ばれやすいように、自らを去勢していく女性たち。そしてそこにはもれなくコインの裏表のように、自分より格下の与《くみ》し易い女性を選びたがる、自信のない日本男性の病理が浮かび上がるのだった。

現代日本人のジェンダーを、フランクに、フラットに描き出した本書を読んであらためて感じたのは、第二次世界大戦の前と後での、価値観のすさまじい高低差だ。敗戦によってアメリカから、「男女平等」の民主主義的な価値観が強制輸入されるというパラダイムシフトを経験した日本。よくよく考えると、これってとても不思議なことが起こっている。

日本に爆弾を落とす悪者、敵国だったアメリカは、敗戦処理にやって来て、子供にチョコレートを配っただけでなく、女性たちに「男女平等」という、ものすごくいいものを、ポンとくれたわけだから。しかも、「日本には女性が男性と同じ権利を持つ土壌はない」「戦争に負けて日本の男性はただでさえ自信を失っている。これではそれに追い討ちをかけるだけだ」と言って反対する日本側（のおじさん）をよそに、婦人参政権だけでなく、日本国憲法第二十四条（夫婦が同等の権利を有する）というありがたい熨斗《のし》までつけてくれたのだ。これは、戦前の日本人女性が置かれた悲惨な立場を実際に見ていたベアテ・シロタ・ゴードンさんが記した条項だった（『ワシントンハイツ　GHQが東京に刻んだ戦後』秋尾沙戸子著、新潮社）。

そのうえ彼らは日本国民の男尊女卑的な考え方をあらためさせようと、せっせと民主化教育に力を入れている。民主主義をプロパガンダした映画のなかでも大ヒットした『青い山脈』に、こんなセリフがある。「生徒たちが学校を出て嫁に行く。すると姑《しゅうと》たちからいじめられる。亭主からは時々殴られる。……こういうところで暮らしていくには、ある程度バカであることが必要なんですよ」。これが戦前のリアルな女性観なんだろう。しかも悪代官的な人物のセリフではなく、清廉潔白な町医者がぽろっとこぼした本音なのだ。原節子演じるリベラルな島崎先生は、思わず彼に平手打ちをお見舞いする。そういったシーンを見せることによって、男尊女卑はもうダメなんだという意識を広めようとしたわけだ。

なぜならGHQは、「日本の封建的な社会体制を打破するには、女性の地位を早急に引きあげる必要がある」と判断したから。つまり「日本の家制度が封建制、ひいては軍国主義を助長してきた」という結論に達し、そこを徹底的に矯正させるべきと踏んだわけだ（『原節子の真実』石井妙子著、新潮社）。突き詰めれば男尊女卑の思想が、戦争の元凶たりえたという指摘だ。女性が男性と平等な、互角の存在になれば、それは戦争の抑止にもなるという期待があったのだろう。一女性からするとGHQの施策は、完全に正義の味方のそれだ。とすると本当の悪者は、日本男性の方……ひいては日本男性の骨の髄まで浸透した、男尊女卑ということになる。

しかしGHQがどれだけ知恵をしぼって意識改革をアピールしても、たかだか七年の占領期間。封建時代から何百年にもおよんだ男尊女卑の意識は日本のすみずみまで浸透しており、世代を超えて再生産されつづけている。そして戦後七十五年もの間、じわじわとわたしたちを内側から侵食しているのだった。

男は生まれたときから見えない下駄《げた》を履かせてもらえ、それゆえにプライドは手に負えないほどかさを増していく。そして女もまた、男尊女卑を内面化させて育つ。その女性心理を精査する本書、膝を打ちすぎて骨が砕けそうになりながら読みすすめるが、時折りふと、わたしは、猛烈に悲しくもなるのだった。日本の女性が可哀想《かわいそう》で可哀想で、泣けてくるのだ。

生存戦略として、男の人に気に入られようと、自分を卑《いや》しめる女性たち。「バカだなぁ」とかわいがられたくてバカのふりをしたり、セックスでは征服されているさまを演じたり。もちろん他人事ではない。わたしもごくごく自然に、そのような作法を身につけてしまっている立派な男尊女子の一人だ。共学育ちの性《さが》か、男子に「でしゃばってる」と思われるような行動には、自動制御装置が作動する。それは一つの夢をあっさり砕いた。

映画監督にあこがれて芸術大学の映像学科に進んだわたしは、監督志望とは誰にも言えないまま、その夢は次第に、なかったことになっていった。映画作りは男女混合のチームワーク。女子が前に出ればガツガツした感じになるし、そうすれば男子に引かれる空気を読んだのだろう。

まわりが結婚しはじめ、焦りだした二十五歳くらいからは、思春期以降に積み上げた人格が破壊されるような感じだった。なぜなら結婚について考えれば考えるほど、この世は真っ暗だから。「女の幸せ」という褒賞を鼻先にぶら下げられ、世間からの外圧だけでなく、結婚しなければという内圧に苦しむ。そして男性に「結婚相手として選ばれる」ことを第一義にしたとたん、わたしは哀れでみじめな女に成り下がっていった。仮に結婚できても、「夫婦関係＝上下関係」の強固な図式の中、家事と子育てという、無償労働のやりがい搾取が口をパックリ開けて待ち構えているのだ。「自分って被差別側にいたんだ！」という事実とがっぷり四つに組み合い、結果わたしは、「男が好きな女の子の婚活ファッションはコレ！」と喧伝《けんでん》する雑誌に後ろ足で砂をかけ、フェミニズムの本を手に取るようになっていったのだった。

フェミニズムは、女性が自分の置かれた立場を客観的に把握するスキルだ。「女だから」でなし崩し的に背負わされる雑務や感情労働に、毅然《きぜん》とノーを言ってもいいんだという勇気をくれる。それは、知らずしらず男尊女卑を内面化して育った自分を、癒やす効果もあったように思う。精神科医の本に、こんな指摘があった。女性の持つネガティブな特性（過度な妬《そね》み嫉みや、陰口や噂《うわさ》話《ばなし》好きといった陰湿さ）は、「虐待やいじめなどにより他人から傷つけられてきた人たちに見られる特徴と共通している」（『整理整頓　女子の人間関係』水島広子著、サンクチュアリ出版）。なるほど女性たちはみな、社会からいじめに似た扱いを受けているのかと思うと合点がいく。社会全体の仕組みとして、男子はいじめっ子、女子はいじめられっ子。いじめっ子に歯向かう術《すべ》のないいじめられっ子は、自己防衛手段として、せめていじめっ子に気に入られようと媚《こ》びへつらう。それが男尊女子の正体なのだろう。

いざ自分が結婚してみると、男尊女卑の温床はここだったのかと痛感することが山盛りだった。夫と妻という鋳型を自分たちサイズにカスタマイズするため、何度も衝突し、およそ考えうる限りの自己主張をくり返した。理想はあくまで男女〝対等〟の夫婦関係だ。闘争の甲斐《かい》あって、夫に「男らしさ」を求めないかわりに、わたしも無理に「女らしさ」を演じないところに着地している今、すごくラクだ。これは、世の習わしに迎合して男尊女子やってたほうがラク、とは別種のラクである。

ポンと与えられた男女平等に甘んじて、ラクしようと男尊女子のコスプレをしていたら、イランのようにいったんは女性に与えられた自由が、あっさり取り上げられる日が来ないとはいえない。この警鐘には戦慄した。「あり得るかも……」と思わせる事例が、日々ニュースにあふれている。

男尊女子成分を自分の中から除去し、身近な男性を変えることは、日本の女性が男女平等の権利と引き換えに請け負ったミッションなのだ。

（やまうち・まりこ　作家）

本書は、二〇一七年五月、集英社より刊行されました。
初出　集英社WEB文芸「レンザブロー」
二〇一六年一月〜二〇一七年三月
JASRAC　出　2002234-001

集英社文庫

男尊女子《だんそんじょし》

2020年5月25日　第1刷　　　定価はカバーに表示してあります。

著　者　酒井順子《さかいじゅんこ》

発行者　徳永　真

発行所　株式会社 集英社
東京都千代田区一ツ橋2-5-10　〒101-8050
電話　【編集部】03-3230-6095
【読者係】03-3230-6080
【販売部】03-3230-6393（書店専用）

印　刷　大日本印刷株式会社

製　本　大日本印刷株式会社

フォーマットデザイン　アリヤマデザインストア　　　マークデザイン　居山浩二

ISBN978-4-08-744112-3 C0195